BI

TÁ

CO

RA

B

Autora
Emilia Conejo

Coordinación editorial
Pablo Garrido
Emilia Conejo

Diseño gráfico
Grafica

Maquetación
Juan Cruz

Ilustraciones
Manel Fontdevila

Corrección
Carmen Aranda

Fotografías
Página 128, Benjamín S./Photaki; página
134, Schneider Hans-Joachim/Photaki;
página 139, otrastardes.com

© Emilia Conejo y Difusión, S.L.
Barcelona 2013
ISBN: 978-84-15846-00-0
Depósito legal: B-19835-2013
Impreso en España por Impulso Global
Solutions

difusión
Centro de
Investigación y
Publicaciones
de Idiomas, S. L.

C/ Trafalgar, 10, entlo. 1ª
08010 Barcelona
Tel. (+34) 93 268 03 00
Fax (+34) 93 310 33 40
editorial@difusion.com

www.difusion.com

EL APRENDIZAJE CON BITÁCORA

BITÁCORA es un manual que se inscribe en la línea del aprendizaje mediante el uso de la lengua; es decir, que propone una práctica de la comunicación en el aula orientada al aprendizaje. Asume, pues, los planteamientos de la enseñanza comunicativa y los complementa y actualiza con las últimas aportaciones de las diversas ciencias relacionadas con la didáctica de segundas lenguas. Dos aspectos destacan en esta aproximación de BITÁCORA: el texto como unidad de comunicación lingüística y el vocabulario como elemento estructurador de la lengua. No hay comunicación lingüística que se produzca al margen de un texto, ni la hay tampoco sin un dominio del vocabulario, previo al de la morfología y la sintaxis.

Los **textos** se producen tanto en lengua oral como en lengua escrita. Usar textos, por otra parte, no es solamente producirlos; gran parte de los textos que usamos en nuestra vida cotidiana son textos que recibimos e interpretamos de acuerdo con nuestros propósitos y necesidades. Por eso, en BITÁCORA hemos querido partir siempre de textos, y elegir textos que pertenecen a géneros de inmediato reconocibles por los alumnos.

El **vocabulario** no solo remite a las diversas realidades de las que se habla en los textos: cada término léxico comporta también unas determinadas posibilidades y exigencias de combinación con otros términos; el aprendizaje de estas posibilidades es tan importante como el del significado de la palabra. En este punto se entrelazan vocabulario y gramática, de tal manera que un aprendizaje eficaz y bien orientado del vocabulario no solo enriquece la comunicación, sino también el aprendizaje de una gran parte de los contenidos gramaticales.

Desde estos dos ejes fundamentales, BITÁCORA propone un aprendizaje orientado a la acción, asumiendo los fundamentos del enfoque mediante tareas, si bien se aleja un poco de los formatos ofrecidos hasta ahora en este enfoque. Esos fundamentos que se han asumido plenamente en BITÁCORA pueden resumirse en dos: usar

la lengua es realizar una determinada actividad en la que la atención al sentido es imprescindible (es decir: aprendizaje mediante la comunicación); la actividad que se realiza se relaciona directamente con determinados recursos lingüísticos, adecuados para el logro de la comunicación y apropiados para el nivel de dominio de los alumnos (es decir: aprendizaje de los contenidos necesarios para la comunicación), y hacia los cuales se dirige la atención de los alumnos.

Hay un tercer elemento distintivo y novedoso de BITÁCORA, relacionado con la **autonomía** del alumno. Se plasma en la *Agenda de aprendizaje*, una sección fija de cada unidad concebida para que el alumno lleve a cabo una reflexión sobre la lengua que le permita apropiarse de los recursos necesarios para la realización de las actividades comunicativas. La sección se ha editado en un formato y papel especiales para que pueda cumplir mejor su objetivo: no es un mero repertorio informativo de recursos lingüísticos, sino una verdadera agenda personal cuyo propietario puede anotar en ella sus observaciones sobre la lengua que está aprendiendo.

Todos estos elementos de BITÁCORA se orientan a un fin común: la implicación personal del alumno en los procesos de uso y aprendizaje del español; sin ella, no puede hablarse de uso; sin ella, tampoco se da el aprendizaje. Por ese motivo, el principio del aprendizaje orientado a la acción se combina en BITÁCORA con una estructuración temática de los contenidos. Cada unidad didáctica aborda un tema, que procura captar el interés de una persona que no conoce bien nuestra lengua y nuestra cultura.

LA ESTRUCTURA DE
BITÁCORA

El manual está integrado por ocho unidades didácticas, distribuidas en grupos de cuatro. La cuarta unidad de cada grupo recoge temas tratados en las tres anteriores y los presenta en nuevos textos, que dan origen a nuevas actividades de uso y aprendizaje. Ahora bien, no ofrece nuevos contenidos lingüísticos, sino que sistematiza y consolida aquellos que se han visto en las unidades anteriores. No es propiamente una unidad de repaso ni de evaluación, aunque puede compartir aspectos de ambos propósitos. Su propósito fundamental es la consolidación y asimilación de todo lo visto en el ciclo de tres unidades, mediante su aplicación a nuevos contextos.

Las unidades de BITÁCORA presentan una estructura tripartita, reconocible a primera vista: dos primeras partes integradas por un documento (o varios) seguido de actividades, más una tercera parte correspondiente a la *Agenda de aprendizaje*. El conjunto de la unidad viene precedido por una página de entrada, con una imagen gráfica que quiere ser una introducción temática a la unidad, en una combinación de grafismo y vocabulario, y que puede ser explotada en clase.

Así pues, una vez que la unidad ha sido presentada mediante esa página introductoria, el usuario se encuentra con una doble página que presenta un documento informativo, frecuentemente en forma de reportaje periodístico. En él se combinan adecuadamente lengua e imagen, de modo que su lectura resulte atractiva e interesante, y su comprensión se vea facilitada; el texto escrito del documento va a menudo acompañado de textos orales, a modo de reportaje o entrevista, que complementan la información ofrecida en lengua escrita.

Llamará la atención del usuario el hecho de que en esa doble página no aparezca instrucción ni actividad alguna. Estas vienen en las páginas siguientes, de modo que los documentos se muestran tal como lo hacen en el mundo externo al aula. Con ello no se quiere sugerir que haya que enfrentarse al texto sin el apoyo didáctico de las actividades: cada profesor podrá abordarlo como más oportuno considere hacerlo; aunque tampoco se ha querido prevenir esa opción.

Las páginas de actividades desempeñan un papel de bisagra entre los documentos y la *Agenda*. Los textos del documento aportan al alumno el punto de partida para su trabajo con la lengua, y ese trabajo se ve ahora pautado y orientado a la comprensión del texto y al aprendizaje de nuevos recursos lingüísticos; ello sucede en una secuencia de actividades que recoge la amplia tipología habitual en las clases de lengua: comprensión, interacción, producción. La función de bisagra a la que hemos aludido se hace efectiva cuando algunas de estas actividades dan pie a una determinada estrategia de aprendizaje, que puede llevarse a cabo de manera más fácil y eficaz acudiendo a la *Agenda*: ya se trate de comprobar la estructura de un determinado paradigma gramatical, ya se trate de la combinatoria de un determinado término, o bien (algo muy frecuente en la *Agenda de aprendizaje* como resorte para la personalización del aprendizaje) de la selección personal de palabras o expresiones de especial interés para cada uno de los alumnos.

Las distintas actividades que configuran estas páginas forman también conjuntos estructurados en secuencias significativas; cada una de estas secuencias va encabezada por un título y un subtítulo.

Los títulos aluden al propósito principal de las actividades, en términos de aprendizaje:

- **Texto y significado**: para ayudar a comprender el contenido de los textos.

- **Con lápiz y con ratón**: para dominar recursos lingüísticos con la ayuda de la expresión escrita.

- **En pareja o en grupo**: para practicar la interacción oral en la realización de una tarea conjunta.

Los subtítulos orientan temáticamente el contenido de las actividades y son, por tanto, heterogéneos y propios de cada lección: "Cómo somos", "Buscamos casa", "Clubes del mundo hispano", "El mundo antes de internet"...

La *Agenda de aprendizaje* responde a este mismo esquema, con una diferencia: las actividades están agrupadas, pero no necesariamente secuenciadas. Podemos distinguir cuatro grandes tipos de actividades o apartados, que pueden contener diversos títulos:

- **de vocabulario**: Palabras en compañía

- **de gramática**: Reglas y ejemplos, Gramática

- **de comunicación**: Palabras para actuar, Comunicación

- **de personalización**: Dudas y preguntas, En español y en otras lenguas, Mis palabras

El último de estos cuatro tipos de actividades responde a diversos aspectos de la personalización del aprendizaje: en unos casos se invita a observar fenómenos y compararlos entre sí, en otros casos a compararlos con otras lenguas que el alumno conoce, en otros a elaborar la propia lista de contenidos de vocabulario, etc.

LA SECUENCIA DE UNA SESIÓN CON BITÁCORA

BITÁCORA se presta a una secuencia de actividades decidida en cada caso por el profesor que use el manual. No obstante, propone un recorrido que viene señalado por la propia linealidad del texto impreso.

A este principio cabe oponer una única excepción: la *Agenda de aprendizaje* está colocada al final de cada unidad, pero no por ello hay que esperar a llegar a esas páginas para abordarla. Como ya se ha señalado, el propósito de esa sección es el de acompañar la interacción de los alumnos con los textos y entre sí, con resortes de observación de reglas, de asimilación de conceptos, de selección de vocabulario u otras estrategias de aprendizaje.

En las sucesivas páginas de esta guía para el profesor se darán detalladas y abundantes indicaciones sobre formas de abordar y explotar las páginas del Libro del alumno. En esta introducción nos limitaremos a hacer un somero repaso de cada una de sus secciones.

La página de entrada
Supone una introducción temática o conceptual a la unidad. Tanto el grafismo elegido como su composición interna (selección de vocabulario) permiten un trabajo de anticipación de los contenidos de aprendizaje.

Los documentos de las dobles páginas 01 y 02
En su combinación de texto e imagen (más los documentos orales en registro sonoro) reproducen un determinado documento, lo más próximo posible a tipos de documentos externos al aula, con los que pueden realizarse diversas actividades de comprensión y de interacción con su contenido. Estas se ofrecen de una forma estructurada y sistematizada en las páginas que siguen a los documentos, pero no es imposible una primera aproximación espontánea al documento en su conjunto.

Las actividades propuestas a partir de los documentos
Estas actividades se presentan en una secuencia que viene señalada por letras. Como se ha dicho más arriba, responden a una tipología que viene indicada por su título, y ofrecen un contenido resumido en el subtítulo.

Las técnicas y procedimientos con que se llevan a cabo estas actividades son muy diversos. Los recursos gráficos en que se apoyan cumplen funciones también muy bien definidas:

• **Las muestras de producción**, que ayudarán a los alumnos en determinadas tareas, se presentan en letra cursiva, con marcas de cambio de interlocutor cuando estas son necesarias.

• **Los fragmentos destacados con trama de fondo amarillo** son expresiones de diverso tipo (nociofuncional, sintáctico) de gran rentabilidad en la producción oral o escrita de los alumnos.

La agenda de aprendizaje
Es la sección personal de cada lección. Con su ayuda, el alumno se apropia más eficazmente de los recursos que ha ido trabajando a lo largo de la unidad, va construyendo su propia gramática y su propio glosario del español.

EL TRABAJO EN EL AULA CON BITÁCORA

Los procedimientos de trabajo en el aula con BITÁCORA están basados en los siguientes principios:

• **Un enfoque orientado a la acción**, en el que aprendizaje y uso de la lengua forman un proceso integrado, que se desarrolla con el apoyo del profesor y del propio manual: comunicación, reflexión y observación van siempre estrechamente unidas.

• **Un aprendizaje en interacción y cooperación entre los alumnos**. El logro de propósitos comunes, la participación activa y la implicación personal de cada uno de ellos son requisitos imprescindibles para conseguir la eficacia del trabajo.

• **Un aprendizaje basado en el significado**. La lectura o audición de textos, la conversación o escritura en el aula, han de representar experiencias llenas de sentido e interés.

• **Un aprendizaje personal y autónomo**. Cada alumno sigue una ruta propia, por más que todos realicen las mismas actividades. Cada uno parte de un punto diferente, y desde él puede encontrar en los textos y actividades que el manual propone nuevos recursos y nuevos contenidos que incorporar a su competencia actual.

Ernesto Martín Peris

INVENTARIO DE PALABRAS CLAVE
BITÁCORA
Libro del profesor[1]

1. Interacción oral: actividad comunicativa de la lengua destinada a construir una conversación entre varios interlocutores mediante la negociación de significados. En ella, los participantes actúan simultáneamente como hablantes y como oyentes.

2. Expresión escrita: actividad comunicativa de la lengua en la que uno o varios usuarios producen un texto escrito para ser leído por uno o varios lectores.

3. Expresión oral: actividad comunicativa de la lengua en la que un usuario produce un texto oral que reciben uno o más oyentes. Para ello, el hablante debe dominar no solo la pronunciación, el léxico y la gramática, sino también ciertos conocimientos socioculturales y pragmáticos.

4. Comprensión de lectura: actividad comunicativa de la lengua en la que un lector interpreta y procesa la información de un texto escrito. Para ello, extrae información del código escrito, pero aporta a su vez su propio bagaje, sus esquemas cognitivos y otros factores personales.

5. Comprensión auditiva: actividad comunicativa de la lengua en la que un oyente interpreta y procesa la información de un texto oral emitido por uno o varios hablantes. No se limita para ello a descodificar la información meramente lingüística, sino que aporta su propio bagaje, sus esquemas cognitivos y otros factores personales.

6. Comprensión audiovisual: actividad comunicativa de la lengua en la que un usuario recibe, procesa e interpreta un *input* auditivo y visual.

7. Competencia léxica: competencia lingüística que atañe al conocimiento del léxico de una lengua y a la capacidad del usuario para activarlo correctamente.

8. Competencia sociocultural: capacidad de un individuo para utilizar una lengua relacionando la actividad lingüística con unos determinados esquemas de conocimiento que comparte una comunidad de habla, tales como rutinas o convenciones sociales, entre otros.

9. Competencia existencial: una de las competencias generales del individuo que influyen en toda actividad comunicativa. Abarca factores de personalidad relacionados con las actitudes, los valores, los estilos cognitivos, las motivaciones, etc.

10. Competencias pragmáticas: competencias lingüísticas que atañen/corresponden a la capacidad del individuo para comunicarse teniendo en cuenta las relaciones que se dan entre el código lingüístico, los interlocutores y el contexto comunicativo. En concreto, se distinguen tres subcompetencias: discursiva (organización, estructuración y ordenación de los mensajes), funcional (realización de funciones comunicativas) y organizativa (secuenciación de los mensajes a partir de esquemas de interacción).

11. Competencia plurilingüe: según el MCER, "la competencia plurilingüe y pluricultural hace referencia a la capacidad de utilizar las lenguas para fines comunicativos y de participar en una relación intercultural en que una persona, en cuanto agente social, domina -con distinto grado- varias lenguas y posee experiencia de varias culturas".[2]

12. Competencia ortoépica: competencia lingüística relacionada con la capacidad de pronunciar las formas escritas. Abarca aspectos como el conocimiento de las convenciones ortográficas y de puntuación y su interpretación en el discurso oral, el reconocimiento de las convenciones que se utilizan para representar la pronunciación, etc.

13. Competencia ortográfica: competencia lingüística que atañe/corresponde al conocimiento y la habilidad para percibir y producir por escrito los símbolos de los que se componen los textos escritos, tales como la ortografía y el uso de los signos de puntuación.

14. Competencia fonológica: competencia lingüística referida al conocimiento y la habilidad para percibir y producir oralmente los fonemas y sus alófonos, sus rasgos distintivos, la composición fonética de las palabras, la prosodia y fenómenos de reducción fonética.

15. Aprender a aprender: consciencia que el aprendiente de una lengua desarrolla sobre su proceso de aprendizaje, de forma que este se torne más eficaz, significativo y autónomo.

16. Competencia intercultural: capacidad del usuario de la lengua para desenvolverse adecuadamente en las situaciones de comunicación que se producen en una sociedad pluricultural.

17. Activación de conocimientos previos: los conocimientos previos son la información que un usuario de la lengua meta tiene sobre la realidad de dicha lengua y su cultura. Dado que influyen en la comprensión de textos escritos y orales, es conveniente activarlos mediante actividades previas al trabajo con textos (orales o escritos) y de precalentamiento general.

18. Activación de conocimiento del mundo: el conocimiento del mundo es la información que una persona tiene almacenada a partir de su experiencia de vida. A diferencia de los conocimientos previos, no se refiere específicamente a la lengua meta, sino a conocimientos y habilidades de carácter más general.

19. Personalización del léxico/del aprendizaje: concepto basado en enfoques humanistas que dan importancia a factores personales y afectivos para el aprendizaje de una lengua por parte de un individuo. Se refiere a la relación que se establece entre el conocimiento nuevo y rasgos personales de motivación, actitud ante la lengua, valores, experiencias vitales, etc. del usuario. El grado de imbricación entre estos componentes determina en gran medida la significatividad y eficacia del aprendizaje.

20. Memoria a corto y largo plazo: en la memoria a corto plazo la información permanece solo temporalmente, mientras se procesa el mensaje. Después, solo la información relevante pasa a la memoria a largo plazo. Los factores que determinan la selección de un dato como relevante son personales y no siempre conscientes, y guardan una estrecha relación con la inteligencia emocional.

Para almacenar la información que llega a la memoria a largo plazo, se crean redes y conexiones con otros datos guardados previamente, y estas conexiones se activan cuando se accede a dicha información.

21. Construcción de hipótesis: estrategia cognitiva que se enmarca dentro de la teoría constructivista, la cual postula que el aprendizaje tiene lugar mediante la construcción de nuevos conocimientos en un proceso que implica la restructuración de los ya existentes. El usuario de la lengua construye su aprendizaje haciendo hipótesis acerca del funcionamiento de la lengua. Estas se ven después confirmadas o corregidas y reestructuran los conocimientos adquiridos anteriormente.

22. Observación y reflexión sobre el funcionamiento del sistema formal: estrategia cognitiva basada en el aprendizaje por descubrimiento, la construcción de hipótesis y su confirmación o corrección posterior para construir el aprendizaje personal de cada individuo.

23. Trabajo cooperativo: según el diccionario de términos clave de ELE, "el aprendizaje en cooperación es una propuesta educativa que surge en el marco del enfoque centrado en el alumno y cuya característica principal es la organización del aula en pequeños grupos de trabajo. Existen diversos modelos de aprendizaje en cooperación, pero todos ellos comparten los siguientes procesos: la interdependencia positiva entre los alumnos, la interacción grupal cara a cara, la asunción de responsabilidades individuales y grupales, la ejercitación de destrezas sociales y la reflexión sobre estos mismos procesos".

24. Investigación en internet: propuesta de trabajo que consiste en procesar e interpretar información encontrada en internet para elaborar, normalmente en grupo, un producto comunicativo.

25. Componente lúdico: introducción del juego en una actividad o dinámica de clase.

---

1. Las definiciones de este glosario se basan en su gran mayoría en el **Marco Común Europeo de Referencia** y en el Diccionario de términos clave de ELE publicado por el **Centro Virtual Cervantes** (http://cvc.cervantes.es/ensenanza/biblioteca_ele/diccio_ele/indice.htm#e).
Para saber más, consúltense estas dos fuentes.

2. **MCER**, capítulo 8.

TÚ
Y YO

Mapa de la unidad

PÁGINA DE ENTRADA

RECURSOS PARA LA CLASE

01

NOS CONOCEMOS MÁS

Página de entrada

√ **Activación de conocimientos previos**

√ **Competencia léxica**

√ **Interacción oral**

Introducir el tema de la unidad a partir del título y de la imagen de la página de entrada.

Tanto si es la primera vez que utiliza este material como si ya está familiarizado con él, conviene recordar que el trabajo con las páginas de entrada de cada unidad tiene como finalidad proponer una aproximación al tema de la misma desde el punto de vista del léxico. Las nubes léxicas de la portada constituyen una herramienta de aproximación, sistematización y recopilación del léxico fundamental de cada unidad, si bien cada alumno podrá ampliarlo o modificarlo según sus necesidades e intereses propios. Al comienzo de la unidad se propone, por un lado, un acercamiento a la nube léxica desde el punto de vista de su aspecto gráfico, ya que todas ellas tienen la forma de un objeto relacionado -literal o metafóricamente- con la unidad, y por otro, del léxico que se incluye en ellas. Mediante esta integración de fondo y forma se activa la memoria visual y se favorece un aprendizaje estratégico del vocabulario de la unidad.

Además, el título de la unidad suele estar compuesto por combinaciones léxicas habituales que se consideran rentables para la comunicación a este nivel. En el caso de unidades léxicas de más de una palabra (**Por placer o por trabajo; Rico, rico y con fundamento**) se promueve su memorización en bloque, como una unidad psicológica. Y es que se considera más rentable aprender y memorizar estas combinaciones en bloque (colocaciones, frases hechas u otras expresiones idiomáticas) que sus componentes aislados (sustantivos, verbos, preposiciones, etc.), tanto desde el punto de vista de la comunicación como del esfuerzo cognitivo que requiere por parte del alumno. El trabajo que se propone con estas páginas es doble: como introducción a la unidad antes de entrar en ella, por un lado, y como sistematización, ampliación y repaso al final, por otro. Por ello, en cada unidad se incluyen dos propuestas

de trabajo diferentes, una al principio y otra al final, que responden a este enfoque.

Muestre a sus alumnos la página de entrada. Si han trabajado con BITÁCORA 1, es posible que tanto usted como sus alumnos recuerden la imagen que aparece en ella. Señale la palabra **Hola** y anime a sus alumnos a decir, mediante una lluvia de ideas, qué otras formas de saludarse conocen en español.

Tanto si se conocen como si no, anímelos a pensar en preguntas para saludarse y tener una primera conversación con el resto. Negocien entre todos, según la relación que exista entre los alumnos, el tipo de preguntas que se pueden hacer los unos a los otros: nombre, origen, lenguas que hablan, etc. Cuando hayan decidido de qué van a hablar, invítelos a levantarse y pasear por la clase para saludar a sus compañeros. Dígales que deberán hablar al menos con cuatro personas, de las cuales usted puede ser una.

A

√ **Interacción oral**

√ **Competencia existencial**

√ **Activación de conocimientos previos**

Responder a un cuestionario con información personal y hablar de ello con los compañeros.

Una vez roto el hielo, remita a sus alumnos al cuestionario de la página 14. Explíqueles que se trata de una herramienta con la cual van a conocerse un poco mejor. Recuerde que los primeros momentos de un curso de idiomas pueden producir ansiedad para los alumnos, puesto que tienen que activar una lengua que tal vez no hayan utilizado durante un tiempo, con compañeros y un profesor a los que tal vez no conozcan, etc. Por ello, hacer que se sientan a gusto y tomen confianza con el entorno repercutirá de forma positiva en sus estrategias afectivas y contribuirá a crear un entorno propicio para el aprendizaje y la interacción.

Lea con ellos las preguntas del formulario y aclare las dudas de vocabulario. Luego, anímelos a contestarlo de forma individual, en silencio. Las fases de trabajo individual son un momento que permite a los alumnos reflexionar en calma y prepararse para la actividad de interacción posterior, que puede suponer desafío cognitivo y emocional y acarrear una cierta ansiedad. Cuando hayan completado el formulario, anímelos a trabajar en parejas o pequeños grupos para intercambiar su información. Esta vez pueden permanecer sentados y trabajar con los compañeros de su alrededor. Déjeles hablar en grupo, pero explíqueles que luego deberán escoger tres respuestas del compañero que les hayan interesado y compartirlas con el resto del grupo. Por supuesto, cada pareja puede negociar qué respuestas se compartirán. Deles una muestra de lengua para esta puesta en común. Por ejemplo: **La comida preferida de Keith es la ensalada griega. Le encantan el queso feta, el tomate y las aceitunas negras**.

Escoger una imagen con la que uno se identifica y explicar por qué.

√ **Interacción oral**

√ **Competencia existencial**

√ **Personalización del aprendizaje**

La siguiente actividad profundiza en el conocimiento mutuo, pero esta vez desde otro ángulo: el de la representación visual de los rasgos individuales. Pregunte a sus alumnos si saben qué representan las fotografías (de izquierda a derecha y de arriba abajo: **un reloj de bolsillo, un lago, una mochila, un concierto, unas flores, unos auriculares para escuchar música, una sartén, un pastel de chocolate, un jaguar, un caballo, un desierto de arena, una sombrilla con dos tumbonas de playa, una ciudad con rascacielos** y **un bebé**). Invítelos a mirar las fotografías durante un momento, a escoger aquella o aquellas con las que más se identifican y a pensar por qué. Asimismo, si lo prefiere, puede sugerirles que busquen fotografías en internet que les resulten más sugerentes.

Reparta un papel a cada alumno y pida que escriban en él su nombre, qué fotografía han escogido y un breve texto que justifique su elección. Para que tengan un modelo de lengua, remítalos a la muestra que aparece en la actividad. Luego recoja los papeles y repártalos de forma que cada alumno reciba el de otro. Pida a cada uno que lea en voz alta el papel que ha recibido y anime al resto a intentar identificar la fotografía. Por último, invite al autor del texto a identificarse.

De esta manera irán conociendo poco a poco a los demás a través de información que cada uno decida compartir y se trabajará en la cohesión del grupo desde el primer momento.

Recursos para la clase

√ **Aprender a aprender**

√ **Competencia léxica**

√ **Competencias pragmáticas**

Por último, remita a sus alumnos a la página 16, en la que se agrupan algunos recursos para la clase, es decir, estrategias para controlar la comunicación y facilitar la interacción y el aprendizaje en la lengua extranjera. Léalas con ellos y anímelos a preguntar por las dudas que puedan tener.

Algunas de ellas son ya conocidas, como **¿qué significa?**, **¿cómo se escribe?**, etc. Otras son nuevas, especialmente las que se refieren a la gestión del aula o el procedimiento de resolución de las actividades, como **¿trabajamos en parejas o solos?** o **¿tenemos que escribirlo?** Anímelos a trabajar en parejas o pequeños grupos para buscar al menos dos preguntas más que puedan resultar útiles, y a compartirlas con el resto de compañeros.

Puede sugerirles que tengan la página siempre a mano hasta que hayan automatizado el uso de estos recursos.

¿POR PLACER O POR TRABAJO?

Mapa de la unidad

PÁGINA DE ENTRADA

CUADERNO DE EJERCICIOS: **1, 2, 3, 4**

VÍDEO

FICHAS PROYECTABLES: **1, 12**

---

01 COMUNALIA

CUADERNO DE EJERCICIOS: **5, 6, 7, 8, 9, 10, 11, 12, 13, 14, 15**

FICHAS PROYECTABLES: **2, 4, 5, 6**

FICHAS FOTOCOPIABLES: **1, 3, 4**

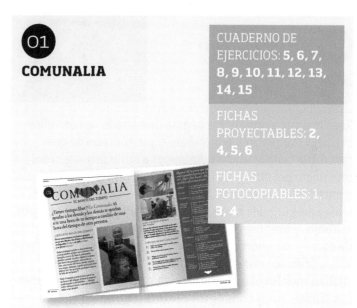

---

02 GANARSE LA VIDA

CUADERNO DE EJERCICIOS: **16, 17, 18, 19, 20, 21, 22, 23, 24, 25**

FICHAS PROYECTABLES: **10**

FICHAS FOTOCOPIABLES: **5**

AGENDA DE APRENDIZAJE

CUADERNO DE EJERCICIOS: **26, 27, 28, 29, 30, 31, 32, 33, 34, 35, 36, 37, 38, 39, 40, 41, 42, 43, 44, 45**

FICHAS PROYECTABLES: **3, 7, 8, 9, 11**

FICHAS FOTOCOPIABLES: **2**

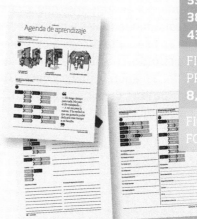

Página de entrada

√ **Competencia léxica**

√ **Activación de conocimientos previos**

√ **Aprender a aprender**

Introducir el tema de la unidad a partir del título y de la imagen de la página de entrada.

  FICHA PROYECTABLE 1

CE 0, 1, 2, 3, 4

Remita a sus alumnos a la página de entrada, lea con ellos el título, *Por placer o por trabajo*, y pregúnteles de qué creen que trata la unidad. Anímelos a mirar la imagen del ordenador portátil y a inferir posibles significados del título a partir de los elementos léxicos que ya les son familiares. Luego pregúnteles si utilizan el ordenador **por placer** o **por trabajo**, y asegúrese de que queda claro el significado y uso de estas colocaciones. Si lo considera necesario, puede poner usted primero un ejemplo inspirado en su vida real: **Yo utilizo mucho el ordenador por trabajo: para preparar las clases, para conseguir material auténtico, etc.** Anímelos luego a hacer lo mismo.

A continuación pídales que busquen en la imagen tres o cuatro palabras o grupos de palabras que desconozcan y los anoten en su cuaderno. No explique aún su significado, pero pídales que las tengan en cuenta durante el trabajo con la unidad y las marquen cuando las encuentren por primera vez. Si lo estima conveniente, puede sugerirles que, cuando vayan apareciendo, se lo comuniquen a la clase y negocien entre todos su significado en ese contexto. Por ejemplo, si han señalado la palabra **sueldo**, cuando aparezca esta palabra en la unidad, pueden levantar la mano y decir: **Yo he escogido la palabra "sueldo". Creo que significa...** Si trabaja con material proyectable, puede poner la ficha 1.

Vídeo

√ **Competencia audiovisual**

√ **Competencia léxica**

√ **Activación del conocimiento del mundo**

Ver una parte del vídeo de la unidad e imaginar qué se anuncia en él.

Explique a sus alumnos que van a ver un vídeo, pero no les explique cuál es el contenido del mismo. Dígales que van a ver los primeros 45 segundos, y que durante ellos unas personas hacen cosas. Pídales que tomen nota de lo que hacen y lo escriban. Detenga el vídeo tras los primeros 45 segundos y pregúnteles qué acciones han anotado (hay una mujer que baila flamenco, un hombre que tiene un problema con su ordenador y otro que toca o intenta tocar el piano, aunque no sabe tocar bien y se equivoca).

A continuación reproduzca el resto del vídeo hasta el minuto 1:00 en su versión subtitulada y pregúnteles qué creen que anuncia. Anímelos a hacer hipótesis en clase abierta y acepte todas las respuestas plausibles. Si lo considera conveniente o necesario, puede darles una pista preguntándoles qué tienen en común todas estas cosas (un problema que solucionar) y qué relación pueden tener con el tiempo.

Continúe hasta el minuto 1:43 y pregúnteles qué creen que puede ser el banco del tiempo. Para que puedan contestar, remítalos a la actividad 1A. Deje el resto del vídeo para el final de la unidad.

01
COMUNALIA

A

√ **Comprensión de lectura**

√ **Interacción oral**

√ **Activación del conocimiento del mundo**

Hacer conjeturas sobre qué puede ser un banco del tiempo y conversar sobre ello.

 CE 5

En el vídeo ha aparecido la expresión **banco del tiempo**. Escríbala en la pizarra y pregunte a sus alumnos si conocen alguno de los significados de la palabra **banco**. En este nivel, el significado que sus alumnos probablemente conozcan será precisamente el que es relevante para esta unidad: el de establecimiento público de crédito. Es posible que conozcan otros tipos de bancos, como bancos de imágenes, de órganos, de sangre, etc.

A continuación pregúnteles, a partir de lo que han visto en el vídeo, qué creen que es un **banco del tiempo** y anímelos, en grupos pequeños, a lanzar hipótesis sobre ello e intercambiar la información de la que disponen. Para que puedan llevar a cabo la interacción, remítalos a los andamiajes de la actividad.

Haga después una puesta en común en clase abierta para consensuar una definición común del banco de tiempo e intercambiar las posibles experiencias de los alumnos. Durante la puesta en común, formule preguntas como: **¿Alguien ha participado alguna vez en un banco de tiempo? ¿Nadie sabe qué es...? ¿Alguien conoce una organización similar?** Si alguien contesta, pregunte: **¿Y los demás? ¿Qué experiencia tenéis?**, etc. De esta forma podrá introducir el apartado 1 de la *Agenda de aprendizaje*, dedicado al uso de **alguien**, **nadie** y **los demás**.

Por último, anime a sus alumnos a leer el texto de las páginas 18 y 19, excepto la lista de actividades que los socios ofrecen, y comente con ellos las informaciones nuevas, lo que habían intuido o averiguado correctamente, etc.

Agenda de aprendizaje

 1

Uso y significado de **alguien**, **nadie**, los **demás**.

 CE 26

√ **Competencia léxica**

√ **Competencia gramatical**

√ **Observación y reflexión sobre el funcionamiento del sistema formal**

Remita a sus alumnos a la frase del texto de la página 18 **Porque todos sabemos hacer cosas que pueden ser útiles a los demás** y pregúnteles si están de acuerdo. Luego escriba algunas de las preguntas o afirmaciones de la actividad de interacción anterior en las que se utilizaba **alguien** y **nadie**, y llame la atención de sus alumnos sobre el uso de **alguien**, **nadie** y **los demás**. Remítalos al apartado 1 de la *Agenda de aprendizaje* para observar su uso.

Llame su atención sobre la presencia de la partícula **no** cuando **nadie** se sitúa tras el verbo: **No hay nadie en casa**, frente a su ausencia cuando **nadie** introduce la oración: **Nadie sabe qué es un banco de tiempo**.

B

Completar una lista de servicios del banco del tiempo.

√ **Interacción oral**

√ **Competencia léxica**

√ **Activación de conocimientos previos**

 FICHA PROYECTABLE 2

 CE 6, 7

Si trabaja con material proyectable, muestre a sus alumnos la ficha 2 y anímelos a nombrar las actividades que aparecen. Si solo pueden referirse a algo que aparece en la fotografía, pero no saben cómo expresar la actividad (**niños** en lugar de **cuidar niños**, por ejemplo), apunte las palabras clave y explíqueles que después van a tener la ocasión de ampliar y completar el léxico. Las actividades a las que hacen referencia las fotografías son: **coser** (o **dar/recibir clases de costura**), **tocar la guitarra** (**dar/recibir clases de guitarra**, **aprender/enseñar a tocar la guitarra**, etc.), **dar/recibir clases de inglés**, **reparar averías domésticas**, **dar/recibir masajes** (**en los pies**), **dar/recibir clases de matemáticas**, **sacar a pasear perros** y **cuidar niños**.

Remítalos ahora a la lista de actividades de los socios del banco del tiempo de la página 19 y explíqueles que en ella se nombran las actividades representadas en la ficha proyectable. Anímelos a buscar el nombre completo y repáselo con ellos. Luego proceda con la actividad.

Si no trabaja con material proyectable, invite a sus alumnos a leer la lista de actividades y a completarla con otras posibles. Tras una fase de trabajo individual, anímelos a poner sus ideas en común con un compañero y después con el resto de la clase.

 C

Expresar una opinión sobre el banco del tiempo.

√ **Interacción oral**

√ **Competencia existencial**

√ **Competencias pragmáticas**

Ahora que sus alumnos ya saben qué es un banco del tiempo, cómo funciona y qué tipo de servicios se pueden intercambiar, pregúnteles si les parece interesante y si conocen alguna asociación similar. Comience preguntando si saben si hay un banco de tiempo en el lugar donde aprenden español y si les interesaría conocerlo. Luego, remítalos a los andamiajes de la actividad C y anímelos a conversar sobre los bancos de tiempo en grupos pequeños.

A continuación, pida a un portavoz de cada grupo que ponga en común los resultados de la conversación y anime al resto de compañeros a hacer preguntas y comentar lo que oyen. Si lo estima conveniente, puede sugerirles que investiguen si existe un banco de tiempo o una organización similar en la ciudad, en el barrio donde viven o cerca del centro donde aprenden español.

Puede terminar haciendo balance sobre el grado de interés que despierta este tipo de organización entre su grupo. Si es alto, puede incluso proponerles un trabajo más profundo sobre un banco de tiempo de la zona: invitar a un socio a hablar de él, visitar la sede, presentar su página web, etc.

6

Observar el paradigma verbal del condicional.

  FICHA PROYECTABLE 3

  CE 37, 38, 39

√ **Competencia gramatical**

√ **Observación y reflexión sobre el funcionamiento del sistema formal**

√ **Memoria a corto y largo plazo**

En la actividad anterior sus alumnos han trabajado con el exponente funcional **A mí (no) me gustaría ser socio porque...** en el que aparece el verbo en condicional. Seguramente, por el contexto de uso, habrán comprendido que se trata de una situación hipotética, sin necesidad de que usted lo haya explicitado. Recupere la dinámica explicando a sus alumnos qué cosas le gustaría aprender a hacer y qué podría hacer usted a cambio. Por ejemplo: **A mí me gustaría aprender a coser y a cambio podría dar clases de español**. Es importante que aparezcan los verbos en condicional, puesto que es el momento de llamar la atención de sus alumnos sobre la existencia de este modo verbal, su forma y su uso. Cuando esté seguro de que han comprendido la frase, escríbala en la pizarra, subraye los verbos en condicional y pregunte a dos o tres alumnos qué les gustaría aprender y qué podrían ofrecer a cambio. Anímelos a contestar utilizando el modelo.

Luego explíqueles que **me gustaría** y **podría** son formas del condicional, y remítalos la *Agenda de aprendizaje*. Repase con ellos el paradigma y explíqueles que las tres conjugaciones comparten las mismas terminaciones. Si lo estima necesario, puede recordarles que en el caso de **me gustaría** el verbo debe concordar con el sujeto de la frase (aquello que gusta) y que por tanto sería incorrecto decir ***Nos gustaríamos participar en un banco del tiempo**. Por el contrario, lo correcto es **Nos gustaría participar en un banco del tiempo**.

Pida entonces a sus alumnos que cierren el libro y, si trabaja con las fichas proyectables, muestre la 3. Anímelos a completar el paradigma de los verbos regulares de memoria, individualmente. Luego explíqueles que hay muy pocos verbos irregulares, que

son los que aparecen a la derecha. Anímelos a deducir las formas a partir de las clases en las que aparecen agrupados y proyecte las soluciones después de hacer una puesta en común.

D

Escuchar a varias personas que hablan sobre el banco del tiempo y tomar notas.

  1-3

  TRANSCRIPCIÓN

  FICHA PROYECTABLE 4

  FICHA FOTOCOPIABLE 1

  CE 8, 9, 10

√ **Comprensión auditiva**

√ **Interacción oral**

Si no ha surgido hasta ahora, pregúnteles si alguien cercano a ellos participa en un banco del tiempo y si saben algo sobre su experiencia: cuánto tiempo lleva en el banco, qué ofrece, qué ha recibido y cómo valora la experiencia. A continuación, explíqueles que van a escuchar las experiencias de tres socios de un banco del tiempo. Si tiene la posibilidad, proyecte la ficha 4. En ella se propone una actividad de comprensión auditiva sencilla que puede servir como paso previo a la que aparece en el libro del alumno. Explique a sus alumnos que las imágenes que aparecen son actividades del banco del tiempo. Repase con ellos sus nombres. Luego explíqueles que algunas de ellas (la mayoría) se mencionan en el audio, pero otras no. Tras este trabajo previo de activación de vocabulario, a sus alumnos les resultará mucho más sencillo entender de qué actividades hablan los participantes y concentrarse después en lo que dicen sobre cada una de ellas.

Tras la puesta en común o si no trabaja con el material proyectable, reparta la ficha fotocopiable 1, que ofrece una plantilla para contestar las preguntas planteadas en la actividad del libro del alumno. Recuérdeles que podrán escuchar cada grabación dos veces. Después de escuchar, deje unos minutos para que comparen sus respuestas con las de un compañero. Por fin, haga una puesta en común.

Solución ficha fotocopiable 1

	José Antonio	**Marisa**	**Inés**
¿Desde cuándo es socio?	Desde hace casi un año.	Desde hace dos meses.	Desde hace seis meses.
¿Qué ofrece?	Hace la compra para una anciana que no tiene ascensor, saca a pasear a perros, lleva gente al aeropuerto.	Da clases de inglés.	Da clases de piano.
¿Qué ayuda ha recibido o recibe habitualmente?	Le han dado masajes en los pies, ha recibido clases de cocina japonesa, le han arreglado el frigorífico, ahora le van a ayudar con la mudanza.	Recibe clases de guitarra.	Le han ayudado as coser unos pantalones.
¿Cómo valora la experiencia?	Es una experiencia positiva. Está encantado y anima a todo el mundo a probarlo.	Es una buena experiencia, está contenta: no cuesta dinero y conoces a gente interesante.	Es genial.

Solución ficha proyectable 4
No se mencionan clases de matemáticas, jugar al tenis ni clases de informática. Tenga en cuenta que uno de los hablantes dice que le han arreglado el frigorífico, es decir, le han reparado averías domésticas, por lo que esta actividad está representada con las herramientas.

Volver a escuchar a una persona y decir si les interesaría el servicio que ofrece o podrían ofrecer alguno para ella.

 2

 TRANSCRIPCIÓN

Escriba en la pizarra los servicios que ofrecen las personas de la actividad anterior, así:

José Antonio: hacer la compra, sacar a pasear perros, llevar a gente al aeropuerto.
Marisa: clases de inglés.
Inés: clases de piano.

Escoja uno y diga: **A mí me interesaría contactar con José Antonio porque tengo un perro y paso mucho tiempo fuera de casa. Yo podría ayudarlo con la mudanza.** Cuando esté claro el mecanismo de la actividad, anime a sus alumnos a realizarla en grupos de tres o cuatro personas, reaccionando ante las intervenciones de sus compañeros. Remítalos para ello a los recursos presentados en los andamiajes.
Mientras trabajan, puede pasear entre los grupos e intervenir en la conversación, dar retroalimentación sobre aquello que dicen, solventar dudas o corregir los errores más habituales. Para la puesta en común, pregunte en alto: **¿A alguien le interesaría recibir clases de piano? ¿Qué podrías ofrecer a cambio?** y anímelos a comentar con los demás compañeros sus intereses y habilidades.

7

Usos de la forma verbal **podría**.

FICHA FOTOCOPIABLE 2

CE 15

√ **Observación y reflexión sobre el funcionamiento del sistema formal**

√ **Competencias pragmáticas**

√ **Interacción oral**

Reparta a continuación la ficha fotocopiable 2. Explique a sus alumnos que deben relacionar cada frase con el posible contexto en el que ha sido pronunciada. Se trata de que sus alumnos intenten resolver la actividad recurriendo a sus estrategias de deducción a partir del contexto y a sus conocimientos previos.

Pasados unos minutos haga una puesta en común, discuta con ellos las posibles alternativas y acepte todas las que sean válidas. A continuación, remítalos al apartado 7 de la *Agenda de aprendizaje* y a los tres actos de habla en los que se utiliza la forma **podría**: expresar una posibilidad, pedir algo y aconsejar o sugerir. Anímelos a pensar a qué acto de habla corresponde cada frase de la ficha hasta que haya consenso entre todos. Luego anímelos a escoger, junto con un compañero, una de esas situaciones y a imaginar un breve diálogo en el que aparezca la frase. Déjeles unos minutos para escribirlo y luego anime a algunas parejas a representarlo o leerlo en voz alta. Si lo estima conveniente, puede sugerir al resto que valoren si les ha resultado auténtico, convincente, divertido, etc.

Solución ficha fotocopiable 2
a. 3, b. 5, c. 2, d. 6, e. 4. f. 1.
Posibilidad: c, f
Pedir algo: b, d
Aconsejar, sugerir: a, e

F

Hablar de lo que uno sabe hacer y cómo lo aprendió.

FICHAS PROYECTABLES 5, 6

CE 11, 12, 13, 14

√ **Interacción oral**

√ **Personaliza-ción del aprendizaje**

√ **Competencias pragmáticas**

Si recuerda alguna de las respuestas que sus alumnos dieron a la pregunta sobre qué podrían ofrecer a las personas de los audios, repítala y diga, por ejemplo: **Louise podría hacer traducciones del inglés**. Y luego añada: **Louise sabe inglés, lo habla muy bien**. Pregúntele: **¿Cómo lo aprendiste?** y escuche su respuesta. Tanto si recurre a sus propias estrategias para responder correctamente como si le faltan los recursos necesarios para hacerlo, puede remitir ahora a los alumnos a los andamiajes de la actividad F y ayudarlos a contestar según el modelo: **Lo aprendí yendo a clases de inglés/cuando vivía en Irlanda/con un amigo estadounidense**, etc. Luego pídales que piensen, individualmente, en cómo aprendieron a hacer algunas de las cosas que saben hacer.

Si trabaja con material proyectable, muestre la ficha 5 y pregúnteles qué otras cosas se les dan bien, qué más saben hacer. Introduzca la expresión **se me da bien** y aclare que significa hacer bien algo, tener destreza o facilidad para algo. Sugiérales que piensen en un mínimo de cinco cosas que se les dan bien y cómo las aprendieron, y que las anoten. Luego invítelos a comentar su lista con un compañero siguiendo el modelo de la actividad.

A continuación, proyecte la ficha 6 y pregúnteles por cosas que se les dan mal, es decir, para las que no tienen facilidad. Igual que anteriormente, pídales que las anoten y las comenten después con sus compañeros. En este caso, anime a cada alumno a dar a su compañero uno o dos consejos para mejorar su habilidad, utilizando la forma **podrías** + infinitivo: **Podrías ir a clases de guitarra**, por ejemplo. Para la puesta en común, pregunte qué cosas curiosas o interesantes han aprendido sobre sus compañeros y qué buenos consejos han recibido, y coméntenlos entre todos.

5

Combinaciones frecuentes con los verbos **saber**, **conocer**, **aprender** y **enseñar**

FICHA PROYECTABLE 7

CE 43

√ **Competencia léxica**

√ **Observación y reflexión sobre el funcionamiento del sistema formal**

√ **Personalización del léxico**

G

Hacer el banco del tiempo de la clase.

FICHAS FOTOCOPIABLES 3, 4

√ **Expresión escrita**

√ **Interacción oral**

√ **Personalización del aprendizaje**

Para recapitular algunas de las combinaciones léxicas más rentables de esta unidad lea con sus alumnos los ejemplos e invítelos a escribir los suyos en el lugar dedicado a ello. Termine con una puesta en común en clase abierta.

A continuación, si desea profundizar en las coincidencias y las diferencias de uso entre los verbos **saber** y **conocer**, puede proyectar la ficha 7. Como han visto en la *Agenda de aprendizaje*, los verbos **saber** y **conocer** son intercambiables en algunas colocaciones como **conocer el camino** y **saber el camino**. En otros casos, unas colocaciones admiten exclusivamente el uso de **saber** y otras el de **conocer**.

En esta actividad se propone que sus alumnos determinen qué verbos pueden acompañar a las palabras y grupos de palabras que aparecen en la ficha. Para ayudarlos a resolverla puede remitirlos al *Diccionario de construcciones verbales* que aparece en el libro del alumno, en concreto a la página 134 para **conocer** y 141 para **saber**. Llame la atención de sus alumnos sobre las dos entradas del verbo **conocer**, cada una para un significado. La primera corresponde a tener contacto o relación y la segunda a haber estado en un lugar o saber algo, tener conocimiento de algo. **Saber**, por su parte, tiene una sola entrada y su significado es el de tener conocimiento de algo. Es por lo tanto en esta acepción donde ambos verbos coinciden, pero no en el resto. Lea con sus alumnos los ejemplos que aparecen en el *Diccionario de construcciones verbales* y anímelos, por parejas, a relacionar los ítems con el verbo correspondiente. Después de unos minutos haga una puesta en común y corrija lo que sea necesario.

En esta actividad, sus alumnos van a organizar el banco de tiempo de la clase. Reparta la ficha fotocopiable 3 y pídales que en la hoja donde aparece la palabra **Ofrezco** escriban lo que pueden ofrecer a sus compañeros. En la sección **Necesito**, lo que les gustaría recibir de otros. Negocie con ellos el grado de verosimilitud que quieren dar a la actividad. Es decir, si escriben sus necesidades auténticas y los servicios que verdaderamente podrían ofrecer, la posibilidad de crear un banco de tiempo para la clase se convierte en algo real. Si sus alumnos no están excesivamente interesados en la idea, sin embargo, la actividad será real solo dentro del espacio del aula. Al negociar con ellos el alcance de la actividad, estará animando a sus alumnos a tomar parte activa en su proceso de su aprendizaje y a responsabilizarse de él.

Cuando cada alumno haya completado sus fichas, pídales que escriban debajo su nombre y que cuelguen en un lado de la clase las de oferta y en otro las de demanda. A continuación, anímelos a consultar ambos paneles y, cuando encuentren algo que les interese, a establecer contacto con la persona que puede ofrecerlo. Recuerde que el intercambio no tiene que ser directo, sino que se pueden acumular las horas por servicio. Por ejemplo: una persona da cinco horas de clases de informática a otra y recibe un cheque con el cual puede recibir un servicio que recibe un tercero, no la persona a quien él el presta el suyo. Después de un rato, haga una puesta en común: qué servicio ofrece quién a quién, quién recibe qué, etc. Y vaya anotando la información en la pizarra, así:

Stephan le da clases de alemán a Jane (5 horas).
Jane le arregla la bici a Kevin (2 horas).
Kevin les enseña inglés a Giovanni y a Lars (1 hora).

Puede pedir a un voluntario que se ocupe de la contabilidad del banco de tiempo y tome nota del número de horas que da y recibe cada alumno. Para ello puede utilizar la ficha fotocopiable 4.

Recuerde que, más allá de la interacción en el aula, se trata de una actividad que podría dar frutos a medio plazo si sus alumnos están interesados en ella, por lo que recomendamos que, si ha tenido una buena acogida, insista en ella a lo largo de varias semanas para que se vayan consolidando los hábitos de intercambio entre el grupo. Puede volver a ella cada cierto número de clases y sugerir a los alumnos que cuenten si realmente se han intercambiado los servicios, si han agotado las horas y necesitan más, cómo está siendo la experiencia, qué problemas han surgido, etc.

8

Observar la forma y el uso de los pronombres de complemento indirecto.

 FICHAS PROYECTABLES 8, 9

 CE 40, 41

√ **Competencia gramatical**

√ **Observación y reflexión sobre el funcionamiento del sistema formal**

√ **Interacción oral**

Remita a sus alumnos a las frases de la actividad anterior o escriba otras similares:

Stephan le da clases de alemán a Jane.
Jane le arregla la bici a Kevin.
Kevin les enseña inglés a Giovanni y a Lars.

Subraye los pronombres de complemento indirecto (**le**, **les**) y los complementos indirectos con la preposición **a**. Asegúrese de que entre los complementos indirectos se encuentran nombres femeninos y masculinos, y que al menos uno de los complementos aparece en plural, de forma que quede claro que los pronombres de complemento indirecto tienen la misma forma tanto en masculino como en femenino y que el plural de **le** es **les**. Llame su atención sobre el uso de los pronombres de complemento indirecto y asegúrese de que entienden a quién se refieren en cada caso.

Remítalos entonces a la *Agenda de aprendizaje* y repase con ellos todos los pronombres de complemento indirecto. Recuérdeles que cuando aparece un pronombre de complemento indirecto junto con uno de complemento directo, ambos de tercera persona, el pronombre de complemento indirecto **le/les** se sustituye por el pronombre **se**. Puede proyectar la ficha 8 para mostrarles esta transformación, así como la combinación de dos pronombres en una frase.

Luego, si tiene la posibilidad, remítalos a las preguntas que aparecen en la ficha proyectable 9 y anímelos a conversar sobre ellas en pequeños grupos. Puede empezar usted con un ejemplo, así: **El regalo más bonito que me han hecho es un retrato. Me lo regaló un amigo que es pintor. Fue una sorpresa por mi cumpleaños y me hizo mucha ilusión**. De lo que se trata en esta actividad es de que utilicen los pronombres de complemento directo e indirecto de forma significativa. Por eso, anímelos a utilizar fórmulas como **me lo regaló**, **se los cuento a**, **se la pido a**, etc. Es un buen momento para explicarles que recordar estas unidades léxicas como un bloque puede resultarles útil y rentable desde el punto de vista del aprendizaje, ya que les resultará más fácil interiorizar su uso correcto sin necesidad de aplicar cada vez las reglas gramaticales.

Por último, anímelos a volver a estudiar las ofertas y demandas de la actividad, pensar en cinco intercambios posibles y escribir frases al respecto.

02
GANARSE LA VIDA

√ **Comprensión de lectura**

√ **Interacción oral**

√ **Competencia existencial**

Leer un texto sobre la felicidad en el trabajo y discutir sobre ello.

 CE 16, 17, 18, 19, 20, 21

Escriba en la pizarra la colocación **ganarse la vida** y remita a sus alumnos al ejercicio 16 del cuaderno de ejercicios o pregúnteles si saben a qué se refiere. Probablemente entiendan que significa trabajar para costear los gastos de la vida. Como sugiere el ejercicio 16, puede preguntarles si en su lengua existe una expresión similar y compararlas, y darles la opción de investigar en internet. Luego pregunte a algunos alumnos: **¿Cómo te ganas la vida?** O, en su defecto y si lo estima conveniente: **¿Cómo se ganan la vida tus padres?** o **¿Cómo se gana la vida tu pareja?** Explíqueles que, normalmente, la respuesta a esta pregunta no suele ser literal. No se contesta por lo general: **Me gano la vida como profesor de español**, sino simplemente: **Soy profesor de español**.

A continuación, explique a sus alumnos que usted se gana la vida como profesor de español y cuénteles si es feliz en su trabajo y por qué. Luego anime a sus alumnos a hacerle preguntas al respecto y promueva un diálogo sobre el tema. Pregunte entonces en clase abierta: **¿Vosotros sois felices en vuestro trabajo?** y anímelos a conversar sobre ello en pequeños grupos. Luego: **¿Creéis que, en general, la gente es feliz en su trabajo? ¿De qué depende?** Es posible que tenga que reformular esta pregunta para que la comprendan: **¿Qué factores son importantes?** Anímelos a mencionar algunos factores como el sueldo, el ambiente, etc. y ayúdelos con las palabras que necesiten.

A continuación, anúncieles que van a leer un texto sobre ese tema, en el cual se mencionan los factores más importantes para conseguir la felicidad en el trabajo. Remita a sus alumnos a la página 22 y lea con ellos la introducción y las opiniones del foro. Asegúrese de que comprenden la información importante. Para ello, puede trabajar con el ejercicio 20 del cuaderno de ejercicios.

Después remítalos a los andamiajes de la actividad A y anímelos a utilizarlos para escribir su opinión al respecto. Haga una puesta en común sobre los factores importantes para los alumnos y escríbalos en la pizarra.

√ **Competencia léxica**

√ **Competencia plurilingüe**

Conocer las distintas acepciones de la palabra **trabajo** y comparar con la propia lengua.

 FICHA FOTOCOPIABLE 2

 CE 29, 30, 31, 32, 33, 36

Pida a sus alumnos que vuelvan a leer el texto, subrayen la palabra **trabajo** todas las veces que aparece y piensen en cómo se traduciría en cada caso a su idioma. Se trata de llamar su atención sobre el hecho de que el vocablo **trabajo** puede englobar diferentes significados o acepciones para las que tal vez en otras lenguas existen palabras diferentes.

Para trabajar en detalle sobre esta idea, remítalos al apartado 3 de la *Agenda de aprendizaje* y comente con ellos los tres significados que aparecen para la palabra **trabajo**. Lea con ellos las combinaciones más frecuentes y déjeles unos minutos para que piensen de forma individual en la palabra que se utilizaría en cada caso en su idioma. Haga una puesta en común y anímelos a comentar las diferencias y semejanzas encontradas entre las diferentes lenguas y con el español.

El objetivo de este tipo de actividades es que sus alumnos se den cuenta de que los significados de una palabra en una lengua no suelen encajar al cien por cien con los significados de esa misma palabra en otra. A partir de un cierto nivel de dominio lingüístico conviene que los alumnos vayan adquiriendo conciencia de este fenómeno para ir adquiriendo un repertorio de unidades léxicas cada vez más cercano al de la lengua meta.

4

Observar combinaciones léxicas frecuentes para hablar del trabajo.

√ **Competencia léxica**

√ **Construcción de hipótesis**

√ **Interacción oral**

 FICHAS PROYECTABLES 10, 11

 CE 34, 35

Si trabaja con la fichas proyectables, muestre a sus alumnos la número 11. Anímelos a discutir por parejas qué profesiones representan y a escribir al menos dos actividades que creen que realiza habitualmente cada una de estas personas en su trabajo. Invítelos a consultar diccionarios u otras herramientas que puedan resultarles útiles. Tenga en cuenta que la imagen del hombre joven con el café no permite deducir claramente su profesión, pero puede dar pistas a sus alumnos: probablemente se trate de un trabajo que se realiza en la calle, para el que no hace falta llevar traje de chaqueta, etc. De esta forma irán acotando las posibilidades entre todos. Haga una puesta en común en clase abierta y escriba en la pizarra las actividades que hayan nombrado sus alumnos. Subraye aquellos verbos que son especialmente útiles en este contexto. A continuación, para ampliar el léxico relacionado con las profesiones y las actividades que se realizan en el trabajo, puede mostrar la ficha proyectable 10 y animarlos a completar las series con profesiones, lugares de trabajo y actividades. Haga una puesta en común y remítalos entonces a la *Agenda de aprendizaje*. Si no trabaja con material proyectable, remítalos directamente a la *Agenda de aprendizaje* y anímelos a completar las series o añadir otras con el léxico que haya surgido en la actividad anterior.

Por último, invítelos a pensar de forma individual en ejemplos de un trabajo bien pagado, con futuro, duro, etc. Fomente después una puesta en común en grupos de 5 o 6 personas y anímelos a intercambiar pareceres sobre las profesiones que les parecen interesantes, aburridas, duras, etc. y a argumentar por qué. Comente con ellos al final los resultados más interesantes, las opiniones en las que han coincidido o divergido, etc.

B

Discutir sobre los aspectos positivos y negativos de algunos trabajos.

√ **Interacción oral**

√ **Competencia existencial**

√ **Personalización del personaje**

 CE 23

Una vez que sus alumnos han pensado sobre los factores importantes para la felicidad en el trabajo, las acciones cotidianas de los trabajos de la página 23 y han discutido sobre lo que es para ellos un trabajo interesante, duro, aburrido, etc., pregúnteles si les gustaría tener los trabajos de las fotografías y anímelos a reflexionar sobre los aspectos positivos y negativos que tiene cada uno. De nuevo, sugiérales que discutan en parejas o pequeños grupos. No haga una puesta en común, ya que esta se podrá hacer después de escuchar el audio.

C

Escuchar a varias personas que hablan de su trabajo y tomar notas.

√ **Comprensión auditiva**

√ **Interacción oral**

√ **Competencia existencial**

 4-7

 TRANSCRIPCIÓN

 FICHA PROYECTABLE 11

 FICHA FOTOCOPIABLE 5

 CE 23

Anuncie a sus alumnos que van a escuchar a las personas de las fotografías hablando sobre su trabajo. Reparta la ficha fotocopiable 5 y recuérdeles que las personas que van a hablar tienen las profesiones de la actividad B. Reproduzca las grabaciones desde la ficha proyectable 11 o desde el CD. Tenga en cuenta que la artesana es argentina, y dice que en el futuro le gustaría tener su propio **negocio**. Explique a sus alumnos que **negocio** en Argentina equivale a **tienda**, mientras que en España designa una actividad empresarial.

Solución ficha fotocopiable 5

	Aspectos positivos	Aspectos negativos	¿Le gustaría cambiar de trabajo?	¿Qué le gustaría hacer?
Antonio	Está en contacto con la gente; conoce a gente nueva; practica idiomas; conoce la historia y el arte de la religión.	Repite lo mismo todo el día; tiene que andar mucho y eso es cansado.	A medio plazo, sí.	Le gustaría trabajar en museos, ser comisario de arte.
Teresa	Vive en un entorno rural y trabaja con animales.	La pueden llamar en medio de la noche; tiene que coger el coche para ir de un pueblo a otro; es un poco estresante.	No.	-
Xel	Se relaciona con gente; está al aire libre.	Son muchas horas (13-14 al día); no se gana mucho.	Sí, algún día.	Trabajar en un taller mecánico.
Carla	No tiene jefe y hace todo a su ritmo; tiene sus horarios; puede trabajar en casa; trabaja con materiales ecológicos.	No sabe cuánto dinero va a tener; a veces tiene que trabajar los fines de semana o hasta tarde; viaja mucho a ferias.	No.	Le gustaría tener su negocio y más estabilidad.

D

Escribir un texto sobre el grado de satisfacción con el propio trabajo y presentarlo a los compañeros.

√ **Expresión escrita**

√ **Expresión oral**

√ **Personalización del personaje**

En esta actividad se propone que sus alumnos conversen sobre sus trabajos actuales, las aspiraciones que tenían cuando eran pequeños y las que tienen actualmente con respecto al futuro.

Para dar a sus alumnos una muestra de lengua más completa puede tomar como ejemplo su situación personal y sus propias aspiraciones. Puede hablarles de su trabajo y explicarles si está contento con él; si le gustaría cambiar a corto, medio o largo plazo; qué quería ser de pequeño; qué le gustaría cambiar en el futuro, etc.

Luego, remita a sus alumnos a los andamiajes de la actividad D e invítelos a conversar sobre este tema en pequeños grupos. Mientras lo hacen, puede pasear entre los grupos y conversar con ellos.

Para la puesta en común pida a cada alumno que escriba en un papel una frase que recoja aquello que le haya parecido más relevante de lo que se ha dicho en la conversación. Puede estar relacionado con expectativas cumplidas o no, con profesiones más o menos populares, etc. Recoja los papeles y vuelva a repartirlos de forma que cada alumno reciba uno diferente al que escribió. Pida a un alumno que lea su papel y anímelo a comentarlo. Repita el procedimiento con el resto o, si son demasiados, anímelos a trabajar en grupos de unas cinco personas.

Observar combinaciones léxicas habituales para hablar de cómo se utiliza el tiempo.

  CE 27, 28

√ **Competencia léxica**

√ **Observación y reflexión sobre el funcionamiento del sistema formal**

Es posible que durante la actividad de interacción oral alguien haya dicho que le gustaría tener más tiempo libre o poder pasar más tiempo con la familia o amigos. Si no ha sido así, puede hacerlo usted ahora. Llame la atención de sus alumnos sobre las colocaciones **pasar tiempo con** y **dedicar tiempo a** y remítalos a este apartado de la *Agenda de aprendizaje*. Repase con ellos las combinaciones más habituales con respecto a la palabra **tiempo** y llame su atención sobre el uso del gerundio o **sin** + verbo tras la expresión **pasar tiempo**. Haga lo mismo con **tener tiempo para** y **dedicar tiempo a**. Anime a continuación a los alumnos a escribir individualmente al menos cinco frases relacionadas con su vida actual. Si quiere introducir un componente lúdico, puede sugerirles que entre todas ellas escriban una que no sea cierta. Luego, invítelos a leerlas en voz alta ante el resto de los compañeros y anime al resto a hacer preguntas para averiguar cuál de todas las afirmaciones no se corresponde con la realidad. Recuerde que es importante que corrija los posibles errores gramaticales o léxicos de sus alumnos, puesto que se trata de una actividad de atención a la forma.

Buscar en internet una oferta de empleo que se ajuste al perfil propio.

  CE 22, 24, 25

√ **Investigación en internet**

√ **Comprensión de lectura**

√ **Interacción oral**

En esta última tarea, los alumnos deben poner en funcionamiento los conocimientos y las habilidades adquiridos a lo largo de la unidad y buscar en internet una oferta de trabajo que se ajuste a su perfil.

Si bien los proyectos de investigación y búsqueda en internet suelen proponerse como actividades en grupo, en este caso recomendamos que la búsqueda sea individual, puesto que cada persona tiene un perfil diferente y su búsqueda no será por lo tanto significativa para otros. Puede animar a sus alumnos a pensar en posibles términos de búsqueda: **ofertas de empleo**, **ofertas de trabajo**, **trabajar en España**, etc. y asesorarlos con algunos sitios web interesantes para la búsqueda de empleo.

Ayúdelos a resolver las dudas de vocabulario que puedan surgir hasta que vayan encontrando una oferta que se aproxime a lo que buscan. Si no encuentran ninguna, anímelos a tomar nota de lo que encuentran más aproximado a su perfil para explicar después a sus compañeros por qué ninguna es adecuada y qué conclusiones extraen de ello (no cumplen los requisitos, su trabajo no es de los más demandados, las condiciones no son interesantes, etc.).

Proponga una puesta en común en clase abierta. En ella, invite a varios alumnos a presentar los resultados de su búsqueda. El resto puede hacerles preguntas. Cuando dos o tres personas hayan hecho su presentación, anime al resto a hacer lo mismo en pequeños grupos.

Por último, si lo estima conveniente, promueva una discusión sobre el tipo de ofertas que han encontrado: qué les parece el horario, el tipo de jornada, el sueldo, el tipo de trabajo que se busca, los requisitos que debe cumplir un candidato, etc. ¿Les resultaría interesante España como lugar de trabajo?

Página de entrada

√ **Competencia léxica**

√ **Aprender a aprender**

Hacer una nueva imagen con el vocabulario más importante de la unidad.

 FICHA PROYECTABLE 12

 CE 43, 44, 45

Invite a sus alumnos a mirar la lista de palabras que escribieron al comenzar la unidad. Pregúnteles si han ido apareciendo todas a lo largo de ella y si ahora les queda claro su significado. Pregúnteles asimismo si se sienten seguros a la hora de utilizarlas. Si surgen dudas, aproveche para solucionarlas en este momento. Invítelos a pensar en qué dos o tres palabras destacarían para escribirlas en la pantalla del ordenador de la imagen y explicar por qué. Anímelos a comparar sus elecciones con las de los demás y a comentarlas. Escriba o pida a un alumno voluntario que escriba en la pantalla del ordenador de la ficha proyectable 12 las palabras y expresiones que gocen de mayor popularidad entre el grupo. De esta forma, al finalizar la unidad se habrá elaborado una nube léxica que refleje los intereses del grupo.

Vídeo

√ **Comprensión audiovisual**

√ **Interacción oral**

√ **Competencia existencial**

Ver el resto del vídeo y comprender información básica.

Vuelva a poner el vídeo del banco del tiempo, esta vez hasta el final, pero haciendo dos pausas, la primera en el minuto 2:49. Pídales que mientras ven la primera parte, se fijen en qué se dice sobre las siguientes cosas y que intenten, a partir del contexto, deducir el significado de las palabras **manitas** y **manazas**.

El dinero
La moneda de cambio
Los favores
Lo que la gente da

A continuación, reproduzca hasta el minuto 03:14 y dígales que deben apuntar todas las actividades que aparecen representadas. Son: **pintar** (o **dar clases de pintura**), **enseñar/aprender a leer**, **cortar y secar el pelo**, **limpiar** y **coser** (o **arreglar una falta**).

Después ponga el vídeo hasta el final y pídales simplemente que intenten comprender qué ofrecen y qué reciben las personas que aparecen, y anímelos a explicar con sus propias palabras el gráfico en el que se ve cómo transcurre una hora.

Para terminar, dígales que se trata del vídeo promocional de un banco del tiempo auténtico, de un pueblo de Extremadura llamado Villanueva de la Serena, y pregúnteles qué les ha parecido, si les gusta, si les resulta divertido, estrafalario, imaginativo, etc. o todo lo contrario. Si lo desea, puede proponerles que hagan entre todos un anuncio del banco del tiempo de la clase y lo pongan en circulación en el centro donde aprenden español. Puede ser un vídeo, una grabación de audio u otro formato que les resulte atractivo.

MUÑECAS, CAMIONES Y LÁPICES

Mapa de la unidad

PÁGINA DE ENTRADA

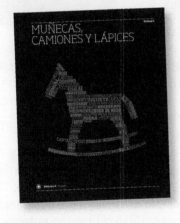

CUADERNO DE EJERCICIOS: **1, 2, MIS APUNTES**

VÍDEO

FICHAS PROYECTABLES: **1, 12**

FICHAS FOTOCOPIABLES: **1**

01 ¿A QUÉ JUGAMOS?

CUADERNO DE EJERCICIOS: **3, 4, 5, 6, 7, 8, 9, 10, 11, 12, 13, 14, 15**

FICHAS PROYECTABLES: **2, 3, 8**

FICHAS FOTOCOPIABLES: **2**

02 TE TOCA A TI

CUADERNO DE EJERCICIOS: **16, 17, 18, 19, 20, 21, 22**

FICHAS PROYECTABLES: **9, 10**

FICHAS FOTOCOPIABLES: **3, 4, 5**

AGENDA DE APRENDIZAJE

CUADERNO DE EJERCICIOS: **23, 24, 25, 26, 27, 28, 29, 30, 31, 32, 33, 34, 35, 36, 37, 38**

FICHAS PROYECTABLES: **4, 5, 6, 7, 11**

FICHAS FOTOCOPIABLES: **6**

Página de entrada

√ **Competencia léxica**

√ **Activación de conocimientos previos**

√ **Activación de conocimiento del mundo**

Introducir el tema de la unidad a partir del título y de la imagen de la página de entrada.

 FICHA PROYECTABLE 1

 CE 1, 2

Remita a sus alumnos a la página de entrada y lea con ellos el título de la unidad: *Muñecas, camiones y lápices*. Asegúrese de que entienden el significado de los tres sustantivos y pregúnteles qué tipo de cosas son. Se trata de que lleguen al hiperónimo **juguete**. Si es necesario, puede pedirles que busquen en la imagen una palabra que engloba a las tres anteriores.

Pídales a continuación que busquen en la imagen otros juegos o juguetes y que los numeren del 1 al 5 según si en la infancia les gustaban (o les gustan ahora) mucho (5) o no les gustaban nada (1). Por ejemplo, puede escribir usted en la pizarra la palabra **muñeca** y ponerle al lado un 5. Entonces diga: **Cuando era pequeño/pequeña, las muñecas me gustaban mucho**. Tenga en cuenta que si sus alumnos optan por hablar de lo que les gustaba en el pasado, necesitarán el imperfecto de indicativo. Aunque no se trata de un tiempo nuevo para ellos, es posible que tenga que repasar brevemente la formación de este tiempo. Luego haga una puesta en común de los juegos y juguetes más populares de la página de entrada. Puede mostrar la ficha proyectable 1.

Vídeo

√ **Competencia audiovisual**

√ **Activación de conocimientos previos**

Ver un vídeo sobre el futbolchapas y comprender información general.

 FICHA PROYECTABLE 2

 FICHA FOTOCOPIABLE 1

Traiga algunas chapas de botella a clase y pregúnteles si saben qué es. Introduzca la palabra **chapa**. Pregúnteles por algún juego que conozcan que se pueda jugar con chapas y si jugaban con ellas de pequeños. Entonces escriba en la pizarra la palabra **futbolchapas** y pregúnteles si pueden imaginarse en qué consiste o si lo han visto alguna vez. Explíqueles que van a ver un vídeo sobre este deporte y reparta la ficha fotocopiable 1. Explíqueles que se trata de un vídeo auténtico donde se habla muy rápido. Por eso, recuérdeles que no es necesario ni conveniente que intenten comprender todo. Aconséjeles que se centren en entender la información que aparece en las preguntas de la ficha. Léalas primero con ellos y luego reproduzca el vídeo sin subtítulos. Tenga en cuenta que sugerimos que deje una parte del mismo para el final, en concreto, del minuto 01.07 a 01.46, ya que en ella se explican las reglas del juego y les resultará más fácil comprenderlas al final de la unidad.

Si trabaja con material proyectable, muestre la ficha 2. En ella aparecen diferentes juegos y juguetes y preguntas para fomentar la interacción entre los alumnos. Muestre las imágenes de la galería y anímelos a decir cómo se llama cada juego o juguete. Invítelos a buscar los nombres trabajando en parejas o grupos de tres con un diccionario, internet u otras herramientas. Luego haga una puesta en común y repase con ellos los nombres de los juguetes: **coches de juguete, (saltar a la) comba, videojuego** o **consola, muñecos Playmobil, backgammon** y **títere** o **marioneta,** Apunte los nombres alrededor para que queden visibles en la ficha o la pizarra. A continuación, lea con ellos las preguntas de la derecha y la muestra de lengua, y anímelos a discutir en parejas o tríos. Haga una puesta en común en clase abierta y anime a conversar sobre los juguetes con los que jugaban, a dar su opinión acerca de si algunos son de niñas o de niños, a contar su experiencia con ellos y a dar su valoración general.

01
¿A QUÉ JUGAMOS?

Expresar el grado de acuerdo con algunas opiniones sobre el juego y los juguetes.

 CE 7, 8, 11

√ **Comprensión de lectura**

√ **Competencia existencial**

√ **Activación de conocimiento del mundo**

Escoja una de las afirmaciones que aparecen en la actividad A del libro y aprópiesela como si fuera su opinión. Puede, por ejemplo, señalar la consola y decir: **A mí no me gustan las consolas. Creo que los niños juegan demasiado con juguetes electrónicos**, y preguntar después en pleno: **¿Qué creéis vosotros? ¿Estáis de acuerdo?** Promueva, en la medida de lo posible, un intercambio sencillo de pareceres sobre este tema. De esta forma, les habrá mostrado a sus alumnos la dinámica de la actividad que van a realizar a continuación.

Remítalos a la actividad A y explíqueles que en ella aparece una serie de afirmaciones relacionadas con el juego y los juguetes. Invítelos a leerlas y a numerarlas a continuación según su grado de acuerdo con ellas. Déjeles un tiempo para que puedan llevar a cabo esta fase de trabajo individual. Pasados unos minutos, anímelos a formar grupos de cuatro, comparar sus respuestas, discutir sobre las afirmaciones e intercambiar sus opiniones al respecto. Para ello, puede escribir en la pizarra algunos exponentes funcionales con los que expresar acuerdo y desacuerdo, como los siguientes:

Estoy de acuerdo en (que...)
Estoy de acuerdo contigo
No estoy de acuerdo (en absoluto) porque...
Estoy de acuerdo en parte porque...

Haga después una puesta en común y promueva una discusión entre los alumnos. Aproveche para llamar su atención sobre los errores de uso más frecuentes en la expresión de acuerdo y desacuerdo.

Leer un texto y opinar sobre la información contenida en él.

 FICHA PROYECTABLE 3

 CE 3, 4, 5

√ **Comprensión de lectura**

√ **Interacción oral**

√ **Personalización del aprendizaje**

Antes de leer, si trabaja con material proyectable, puede proyectar la ficha 3. En ella se recogen las preguntas sobre las que trata el texto para que los alumnos discutan acerca de ellas antes de la lectura. De esta forma se anticipa el contenido del texto. Si no trabaja con material proyectable pero desea hacer esta actividad previa a la lectura, puede escribir las preguntas en la pizarra.

Léalas con ellos y anímelos a discutir sobre ellas en grupos de cuatro personas. No haga una puesta en común, pero explique a sus alumnos que el texto trata sobre estas cuestiones y que durante la lectura podrán comparar sus opiniones con las que figuran en el texto. Deje después que los alumnos lean el texto de forma individual y solucione las dudas de vocabulario que surjan durante la lectura.

A continuación, pídales que subrayen tres temas sobre los que les gustaría opinar, bien porque les resulten interesantes, bien porque sus opiniones coincidan o diverjan, bien por otras razones. Si le parece conveniente o necesario puede invitar a sus alumnos a hacer los ejercicios 3, 4 y 5 del cuaderno de ejercicios, que proponen una lectura más guiada del texto. Anímelos a escribir su opinión con respecto a los temas escogidos utilizando los recursos que se presentan en el apartado 5 de la *Agenda de aprendizaje*. Luego proponga una puesta en común en pequeños grupos, pregúnteles cuáles son los temas que más les han interesado e invite a varios alumnos a opinar sobre ellos.

Agenda de aprendizaje

5

Observar el uso de **eso es** para referirse a una información dada.

 CE 29, 30, 31

√ **Competencias pragmáticas**

√ **Personalización del aprendizaje**

√ **Observación y reflexión sobre el funcionamiento del sistema formal**

En la muestra de lengua de la actividad B sus alumnos han visto el uso de **eso...** para referirse a una información contenida en el texto. En este apartado de la *Agenda de aprendizaje* se propone una actividad de observación sobre este deíctico. Lea los ejemplos con sus alumnos y explíqueles que el pronombre demostrativo **eso** se utiliza (aquí) para referirse a algo que se ha mencionado anteriormente, tanto en un texto escrito como en una interacción oral. Hágales ver que en los ejemplos incluidos, **eso** se refiere a toda la frase: **Iván es un niño que sabe jugar solo** e **Iván es un niño que no juega con otros niños**. Luego anímelos a completar cada frase y a comparar sus ejemplos con los de otro compañero. Termine con una puesta en común y recuerde que, por tratarse de una actividad de atención a la forma, es conveniente que corrija ahora los errores que cometan sus alumnos.

 C

Formular cinco principios para un consumo responsable de juguetes.

 CE 15

√ **Comprensión de lectura**

√ **Expresión escrita**

√ **Competencias pragmáticas**

Retome el resumen de los temas de la actividad B, escriba estos en la pizarra y explique a sus alumnos que el objetivo de esta actividad es confeccionar entre todos una lista de cinco principios para consumir juguetes de forma responsable. Remita a sus alumnos a los andamiajes que aparecen para ello. Para ilustrar su uso, exprese usted una opinión utilizando uno de ellos, por ejemplo: **Es importante que los niños jueguen con sus padres**. Señale la forma **jueguen** y hágales ver que es desconocida para ellos. Explíqueles que se trata del presente de subjuntivo. Antes de que sus alumnos puedan realizar la actividad, deberá observar con ellos la formación y este uso del presente del subjuntivo. Por ello, remítalos a los apartados 2, 3 y 4 de la *Agenda de aprendizaje*.

Posteriormente, anime a sus alumnos a realizar la actividad. Pídales que formen grupos de cuatro personas y discutan entre ellos para ponerse de acuerdo en cinco principios básicos necesarios para consumir juguetes de manera responsable. Cuando hayan terminado, pida a cada grupo que escoja a un portavoz, que comunicará el resultado de su discusión a sus compañeros. Escriba en la pizarra los principios de cada grupo. Si se repiten algunos, puede ir marcándolos con cruces. Al final, observen entre todos cuáles son los más populares y, si son más de cinco, anime a sus alumnos consensuar los cinco principios básicos para un consumo responsable.

2

Observar la estructura **es** + adjetivo + infinitivo/ subjuntivo.

CE 27, 28

Remita a sus alumnos al texto de la página 31 y anímelos a marcar la expresión **es bueno/importante/... que** cada vez que aparezca. Lo hace en tres ocasiones: **Es importante que los niños no sean víctimas del bombardeo publicitario; es bueno que el niño sea el protagonista del juego y desarrolle su imaginación; es necesario que los niños jueguen con otros niños y estén en contacto con la naturaleza**. Hágales ver que en todos los casos el verbo aparece en subjuntivo. Llame su atención después sobre la frase **es mejor comprar juguetes de calidad** y el hecho de que en este caso el verbo aparece en infinitivo. Luego remítalos a la *Agenda de aprendizaje* y explíqueles que cuando necesitamos identificar el sujeto, utilizamos **es** + adjetivo + **que** y que normalmente el verbo va en subjuntivo (si bien existen excepciones a esta regla: **es verdad que, es cierto que, es evidente que**, etc.). Sin embargo, cuando está claro cuál es el sujeto o se trata de una afirmación general, el verbo aparece en infinitivo y no viene precedido por la conjunción **que**.

3

Observar el paradigma verbal del presente de subjuntivo de los verbos regulares e irregulares.

FICHAS PROYECTABLES 4, 5, 6

CE 26

Remita a sus alumnos al paradigma verbal del presente de subjuntivo. Explíqueles que los verbos de la primera conjugación forman el subjuntivo sustituyendo la **-a** de la desinencia por una **-e**, mientras que los verbos de la segunda y tercera conjugación llevan a cabo el cambio inverso: la **-e** o **-i** se convierte en **-a**. Hágales ver que los verbos que presentan irregularidad vocálica del tipo **o>ue, u>ue, e>ie** en presente de indicativo mantienen la irregularidad en las mismas formas para el presente de subjuntivo. Además, muchos verbos que presentan una irregularidad en la primera persona del presente de indicativo mantienen esa irregularidad en todas las personas. Esto incluye verbos con cambio vocálico **e>i** y con cambio **z>zc**. Por último, hay verbos que son completamente irregulares, como saber (**sepa**), ir (**vaya**) o haber (**haya**).

Si utiliza el material proyectable, puede mostrar las fichas 4 y 5 para trabajar con el paradigma del presente de subjuntivo. A continuación, si desea practicar los recursos del apartado 2 de la *Agenda de aprendizaje*, puede proyectar también la ficha 6 y dar su opinión personal sobre uno de los temas que aparecen en ella, por ejemplo: **Para sentirse feliz es necesario tener buenos amigos**. Luego, pregunte a algún alumno si está de acuerdo y qué es importante o necesario en su opinión para ser feliz. Anime a los alumnos a discutir en pequeños grupos y termine con una puesta en común entre todos.

Uso de la forma verbal **debería**.

 FICHA PROYECTABLE 7

 CE 32

√ **Competencia gramatical**

√ **Competencias pragmáticas**

√ **Personalización del aprendizaje**

Escriba en la pizarra las frases: **La publicidad no debería dar una imagen falsa del juguete** y **Los juguetes deberían durar y deberían reutilizarse**. Al lado de la primera escriba: **La publicidad da una imagen falsa del juguete**, y anime a sus alumnos a pensar en qué implica o da por hecho la segunda frase (que algunos juguetes no duran y no se reutilizan). Remita a sus alumnos a la *Agenda de aprendizaje* y hágales ver que el uso del verbo en condicional en este caso indica que nos encontramos ante una situación hipotética, que no se da en este momento. Anímelos a pensar sobre sus costumbres, hábitos o actitudes con respecto al juego y los juguetes, de forma libre, y a escribir al menos cuatro cosas que deberían hacer y no hacen en este momento. Por ejemplo: **Yo a veces me enfado cuando pierdo. Debería saber perder**. Luego ponga en común las frases de los alumnos, interésese por la información que aportan sobre ellos, promueva un intercambio de ideas y corrija los errores más frecuentes. Para seguir practicando, puede proyectar la ficha 11. En ella se ve a dos personas en situaciones vitales diferentes, pero ambas mejorables. Anime a sus alumnos a decir, bien entre todos, bien en pequeños grupos, qué debería hacer cada uno de ellos para cambiar o mejorar su situación.

Escuchar a varias personas y entender qué van a regalar a sus hijos y sobrinos.

 8-10

 TRANSCRIPCIÓN

 FICHA PROYECTABLE 8

 FICHA FOTOCOPIABLE 2

 CE 6

Explique a sus alumnos que en esta actividad van a escuchar a algunas personas conversando acerca de los regalos que compran para sus hijos o sobrinos en Navidad. Si puede, proyecte la ficha 8 y haga la actividad que propone antes de escuchar. Anime a sus alumnos en primer lugar a decir cómo se llaman las cosas que aparecen en ella (**un patinete**, **frutas y verduras de juguete**, **piezas Lego para hacer construcciones**, **una bicicleta**, **un libro** o **cuento**, **una muñeca** y **cosas para pintar**). Luego dígales que todas esas cosas se mencionan en la grabación, y que deben intentar relacionar cada una con la persona que las nombra.

Después puede hacer la actividad del libro. Entrégueles la ficha fotocopiable 2 y lea con ellos las preguntas de cada recuadro de la ficha. Tenga en cuenta que en cada conversación se nombran muchos juguetes, pero no todos ellos son los que los padres o tíos compran para los niños. Si lo estima conveniente, puede prevenir a sus alumnos sobre este hecho. Reproduzca la grabación las veces que sean necesarias y haga una puesta en común en clase abierta. A continuación, pregunte a sus alumnos qué les parecen los regalos que piensan comprar los adultos para sus hijos o sobrinos. Pregúnteles también si tienen hijos o sobrinos y qué tipo de regalos les parecen más adecuados para ellos. Anímelos a hablar sobre esto en pequeños grupos.

Solución ficha fotocopiable 2

	¿Qué compran?	¿Por qué?	¿Lo han comprado ya?	¿Qué otros juguetes nombran?
1	Una muñeca normal, rotuladores, lápices, pinceles, quizás algún Lego.	Estimula a la niña (al contrario de las muñecas que hablan y hacen de todo).	No.	Playmobil
2	Un patinete, cuentos, cosas para una cocinita (verduras y cosas así).	Probó el patinete de unos amigos y le encantó; le gusta jugar con amigos y preparar juntos el desayuno	Sí.	-
3	Una bicicleta a cada uno.	Hace tiempo que la piden.	No.	Juegos para hacer manualidades, juegos de mesa, Lego, juegos de mesa electrónicos (simón, electrón)

E

Hablar sobre los juegos y juguetes con los que se jugaba de pequeño.

 CE 9, 10

En los diálogos de la actividad anterior se ha hablado de muñecas, juegos de mesa electrónicos, un patinete, una cocinita, juegos de construcción, juegos de manualidades, etc. Refiérase a ellos y explique a sus alumnos con cuáles de esos juguetes jugaba usted cuando era pequeño. Por ejemplo: **A mí, de pequeño, me gustaba mucho pintar y montar en patinete.** Puede añadir otros juguetes que no aparezcan en la lista y explicar cuáles de ellos le gustaban y cuáles no, y cuáles le han marcado especialmente. Invite a sus alumnos a hacerle preguntas y conversar con usted. Luego pregunte a un alumno: **¿Y a ti?**, y anímelo a contestar como en la muestra de lengua de la actividad. Pídales entonces que, en grupos de tres o cuatro personas, piensen en los tres juguetes que más han marcado su infancia. Deberán ponerse de acuerdo en tres que sean comunes para todo el grupo.

Termine con una puesta en común en clase abierta y anime a los alumnos a comentar las coincidencias que hayan encontrado, así como las curiosidades y experiencias personales que quieran compartir sobre este tema.

F

Discutir cuáles son los juegos y juguetes ideales para una ludoteca.

CE 12, 13, 14

√ **Trabajo cooperativo**

√ **Interacción oral**

√ **Competencia sociocultural**

Esta actividad prepara a sus alumnos para la tarea final. Pregúnteles si en su pueblo o en su barrio existen centros dedicados a los niños en los que se ponen juegos y juguetes a su disposición y se realizan actividades de tipo cultural o educativo para ellos. Explíqueles que a menudo los Ayuntamientos tienen sus propias ludotecas, que funcionan como las bibliotecas municipales.

Para esta actividad, propóngales que se conviertan en ludotecarios de ocho niños y 14 niñas de entre 4 y 12 años. El presupuesto del que disponen para comprar juguetes es de 500 euros. Invítelos a formar grupos de cuatro personas y a ponerse de acuerdo en la mejor forma de invertir el dinero. Déjeles unos diez minutos para trabajar.

G

Elaborar la lista de juguetes para la ludoteca y presentársela al resto.

√ **Expresión escrita y oral**

√ **Trabajo cooperativo**

√ **Investigación en internet**

Pasados los diez minutos, promueva una puesta en común. Para ello, cada grupo puede salir al frente y escribir su lista en la pizarra. Anime al resto a hacer preguntas o comentarios durante la exposición de cada grupo.

Al final, pregunte en clase abierta cuál creen que será la ludoteca mejor equipada, o a cuál les gustaría a ellos llevar a sus hijos.

02
TE TOCA A TI

√ **Interacción oral**

√ **Activación de conocimiento del mundo**

√ **Competencia intercultural**

A

Conversar sobre el juego en los adultos.

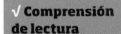
CE 16

En la primera parte de la unidad se ha hablado de la importancia de los juegos y los juguetes, pero sobre todo en lo que respecta al ámbito de la infancia. En esta segunda parte se continúa hablando del juego, pero ahora en relación con la vida adulta: el significado y la función del juego en la vida, los juegos para adultos, los juegos tradicionales o populares de las diferentes culturas, etc.

Escriba en la pizarra o formule en alto, una a una, las preguntas que aparecen en la actividad A y hable sobre ellas con sus alumnos. Como siempre, puede dar un ejemplo: **Yo creo que jugar no es solo cosa de niños. Los adultos necesitamos jugar y lo hacemos de muchas formas: con el deporte, con el arte, haciendo bromas con amigos, etc.** Anime a sus alumnos a formar grupos de cuatro personas y a discutir sobre estas preguntas. Termine con una puesta en común en clase abierta y anote en la pizarra las ideas más importantes.

B

Leer un texto y expresar acuerdo o desacuerdo con las opiniones que se recogen en él.

CE 17, 18

√ **Comprensión de lectura**

√ **Expresión oral**

√ **Competencia existencial**

Anuncie a sus alumnos que van a leer una entrevista con una persona que se dedica a crear juegos de mesa. Pregúnteles por ese trabajo: cómo creen que es, si les parece interesante, para quién creen que trabaja este tipo de profesionales, si les gustaría dedicarse a algo así, etc. Para activar su conocimiento del mundo y facilitar la comprensión posterior, apunte en la pizarra las siguientes ideas y pregúnteles qué creen que va a decir la experta sobre cada una de ellas. Anímelos a pensar en ello individualmente o por parejas y a anotar al menos una idea sobre cada tema.

Los juegos de ordenador
El juego en las empresas
Beneficios del juego para la salud
Juegos y competición

A continuación, lea con ellos el texto y anímelos a comprobar si sus hipótesis se confirman. Pídales que marquen las opiniones de la experta que más les llamen la atención, coméntelas con ellos y anímelos a discutir si están de acuerdo. Recuérdeles que de nuevo les puede resultar útil la estructura es **importante/fundamental/... (que)**, así como **eso es...** para referirse a lo que la experta afirma en la entrevista.

C

Escuchar las instrucciones para jugar a tres juegos e intentar jugar.

 11-13

 TRANSCRIPCIÓN

 FICHA PROYECTABLE 9

FICHAS FOTOCOPIABLES 3, 4

√ **Comprensión auditiva**

√ **Componente lúdico**

Anuncie a sus alumnos que van a escuchar tres conversaciones, en cada una de las cuales se habla de un juego sencillo y se explica cómo se juega. Reparta la ficha fotocopiable 3 y sugiérales que durante la primera escucha se concentren en las dos primeras columnas: nombre del

juego y material necesario. Explíqueles que tendrán que estar muy atentos, puesto que tal vez no se especifique literalmente el material, pero en ese caso deberán inferirlo de la explicación del juego.

A continuación dígales que van a volver a escuchar los audios, pero que esta vez deben intentar completar la tercera columna acerca de cómo se juega. Como aún no han realizado la actividad de observación de los recursos que se emplean para explicar las reglas de un juego, enfatice que se trata en este momento de que entiendan el mecanismo, no de que escriban las instrucciones del juego de forma detallada. Por lo tanto, es suficiente con que anoten las palabras o la información que les parezca clave para entender el mecanismo de juego.

Al final, haga una puesta en común, para la que puede utilizar la ficha proyectable 9, y, para saber si han entendido cómo se juega, anime a sus alumnos a jugar a alguno de los juegos. Si es necesario, pueden recomponer entre todos las instrucciones del juego. También puede remitir a sus alumnos al apartado 6 de la *Agenda de aprendizaje*.

Como se trata de tres juegos muy diferentes, proponemos lo siguiente: anime a sus alumnos a formar parejas para jugar a los chinos. Cuando hayan jugado dos veces, anímelos a formar grupos de cuatro para jugar en grupos algo mayores. Recuérdeles que deben jugar en español.

Luego dé a escoger a sus alumnos a qué juego quieren jugar: a las películas o al tutti-frutti. Divídalos en dos grupos, uno de los cuales jugará a un juego y el segundo al otro. Usted puede jugar con ellos e ir cambiando de grupo o mantenerse al margen y pasearse por ambos grupos. Para jugar al tutti-frutti puede entregarles la ficha fotocopiable 4. Aclíreles que las categorías que aparecen son propuestas, pero que ellos pueden modificarlas y añadir otras si lo desean.

Solución ficha fotocopiable 3

	Nombre del juego	Material necesario	Cómo se juega
1	los chinos	monedas	Cada jugador tiene tres monedas. Los dos juga- dores se ponen las manos detrás y sacan una mano cerrada con una, dos o tres monedas dentro. Tienen que adivinar por turnos cuántas monedas tienen entre los dos.

	Nombre del juego	Material necesario	Cómo se juega
2	las películas	ninguno	Una pesona piensa en una película y los demás tienen que adivinarla. La persona tiene que interpretar la película con gestos, haciendo mimo, sin hablar. Se pueden dar pistas: por ejemplo, cuántas palabras tiene el título.
3	tutti-frutti o ensaladilla rusa	un papel y un bolígrafo	Tienes una hoja y escribes diferentes categorías de cosas. Alguien dice una letra y cada jugador completa cada categoría con una palabra. El que acaba primero dice "¡Tutti-frutti!".

6

Conocer recursos para explicar las reglas de un juego.

FICHA FOTOCOPIABLE 5

√ **Competencias pragmáticas**

√ **Observación y reflexión sobre el funcionamiento del sistema formal**

Una vez que sus alumnos se han centrado en comprender las reglas de varios juegos, entrégueles la ficha fotocopiable 5, donde aparecen parte de las transcripciones de los audios, y pídales que subrayen al menos cinco instrucciones, cinco reglas que dan los jugadores. En estas conversaciones se ha utilizado sobre todo la primera persona del plural: **los dos nos ponemos las manos atrás, tenemos que adivinar cuántas monedas tenemos**, etc.; la segunda persona del singular: **no puedes hablar**, **puedes dar pistas**; y la tercera persona del singular: **el que acaba primero dice: ¡Tutti-frutti!**

Pasados unos minutos, remítalos a la *Agenda de aprendizaje* y pregúnteles si algunas de las instrucciones que han subrayado coinciden con los recursos ejemplificados aquí. Tenga en cuenta que la correspondencia no será total, puesto que este cuadro es un resumen que destaca simplemente algunos

recursos importantes, si bien en las conversaciones se emplean algunos otros (verbo en primera persona del plural, **alguien dice**, **se trata de...**, **una persona tiene que...** y **los demás...**). Tras la puesta en común, anímelos a volver a leer las transcripciones y a subrayar todos aquellos recursos que les parecen útiles para dar instrucciones. Así, ampliarán entre todos el cuadro de este apartado.

7

Observar el uso de **cada** y **alguien** en las reglas de un juego.

 CE 33, 34, 35

√ **Competencia léxica**

√ **Competencia gramatical**

√ **Observación y reflexión sobre el funcionamiento del sistema formal**

Remita a sus alumnos a este apartado de la *Agenda de aprendizaje* y hágales ver que **cada jugador** es otra forma de decir **todos los jugadores**, igual que **cada día** equivale a **todos los días** y **cada uno** a **todo el mundo**. Es importante que llame su atención sobre el hecho de que, aunque designa a la totalidad de elementos de un grupo, el verbo aparece en tercera persona del singular. Explíqueles que el pronombre indefinido **alguien** se puede utilizar para referirse a **cualquier jugador**, sin determinar a cuál. También en este caso se utiliza el verbo en la tercera persona del singular.

D

Explicar las reglas de
un juego sencillo.

FICHA PROYECTABLE 10

CE 19, 20, 21, 22

√ **Interacción oral**

√ **Competencias
pragmáticas**

√ **Activación de
conocimiento del
mundo**

Ahora que sus alumnos han sido capaces de comprender
las reglas de varios juegos y ponerlas en marcha para jugar,
están en disposición de explicar las reglas de un juego
sencillo.
Remítalos a la actividad D y pregúnteles si saben qué
juego representan las fotografías de las manos. Se trata de
"Piedra, papel o tijera", que se juega entre dos personas,
normalmente, como los chinos, para decidir a quién le toca
hacer algo. Los dos jugadores colocan una de sus manos
detrás de la espalda y a la voz de **¿Piedra, papel o tijera?**,
la sacan. Pueden darle la forma de una piedra (con el puño
cerrado), una tijera (haciendo una v con los dedos índice y
anular, como aparece en la fotografía) o papel (extendiendo
la mano con los dedos juntos). Una mano o figura se
enfrenta a la otra y se dan las combinaciones siguientes:
Si se enfrentan una piedra y una tijera, la piedra rompe
la tijera y gana la piedra; si se enfrentan una piedra y un
papel, el papel envuelve la piedra y gana el papel; si se
enfrentan una tijera y un papel, la tijera corta el papel y
gana la tijera. En el caso de que los dos jugadores saquen la
misma figura, se repite la jugada.
Si sus alumnos no conocen el juego, puede explicárselo
usted. Si algunos lo conocen, anímelos a explicárselo
al resto de compañeros. Para ello, observe con el grupo
primero los andamiajes que aparecen en esta actividad, que
complementan los que se han visto en el apartado 6 de la
Agenda de aprendizaje.
Cuando hayan terminado, invítelos a formar grupos de
cuatro personas. Cada miembro del grupo debe pensar en
un juego sencillo que conoce y explicárselo a los otros tres.
La actividad será más significativa cuanto menos conozcan
los otros compañeros el juego del que se está hablando,
por ejemplo, si se trata de juegos de países diferentes. Si
no es posible encontrar juegos que sean desconocidos para
el resto, se puede proponer a cada alumno que explique su
juego sin decir su nombre, para que los compañeros tengan
que adivinar de cuál se trata. El primer compañero que
adivine el juego debe a su vez explicar uno, y así hasta que
les haya tocado a todos.

A continuación puede proyectar la ficha 10, en la que
aparecen algunos juegos tradicionales del mundo y el lugar
del que provienen. Pregunte a sus alumnos si saben de qué
juegos se trata, cómo se llaman, de dónde son, etc. Para ello,
remítalos a los andamiajes que aparecen en el recuadro
amarillo y a los nombres que aparecen debajo de cada uno.
Si no saben qué juego es cada uno o no saben cómo se juega,
puede animarlos a buscar en internet.

Solución
(de arriba abajo y de izquierda a derecha)
búmeran, yoyo, awale, tangram, go, petanca.

1

Observar
combinaciones
léxicas habituales con
las palabras **jugar**,
juego y **juguete**.

FICHA PROYECTABLE 11

FICHA FOTOCOPIABLE 6

CE 23, 24, 25

√ **Competencia
léxica**

√ **Aprender a
aprender**

√ **Memoria a
corto y largo
plazo**

En este apartado le proponemos que repase las
colocaciones y combinaciones de palabras más
frecuentes de la unidad. Para ello, pida a sus alumnos
que cierren el libro y muestre la ficha proyectable 11 y/o
entregue la ficha fotocopiable 6. Anímelos a pensar de
forma individual en combinaciones frecuentes para cada
sustantivo de la ficha y luego invítelos a comparar sus
series con las de un compañero.
Por último, remítalos la *Agenda de aprendizaje* y
repase con ellos las combinaciones más frecuentes con
jugar, **juego**, **juguete**, **partida** y **partido**. Recalque la
importancia de aprender estas unidades léxicas como
bloques de significado, puesto que es así como mejor se
almacenan en el cerebro y como más fácilmente se puede
acceder después a ellas.

Vídeo

√ **Comprensión audiovisual**

√ **Competencia léxica**

√ **Interacción oral**

Ver de nuevo el vídeo sobre futbolchapas y comprender las reglas de juego.

Diga a sus alumnos que van a volver a ver el vídeo sobre el futbolchapas, pero esta vez una parte en la que un jugador explicar las reglas del juego (entre el minuto 01.07 y 01.45). Para activar su conocimiento previo y facilitar la comprensión posterior, pregúnteles si conocen las reglas del fútbol y anímelos a trabajar en grupos de tres o cuatro personas para explicarlas. Escriba en la pizarra vocabulario útil como **portería**, **portero**, **meter un gol**, **ganar**, **equipo** y **tirar a puerta**. Esto será un trabajo previo muy útil, puesto que las reglas del futbolchapas son prácticamente las mismas que las del fútbol convencional, con lo que al pensar en cómo formular estas reglas estarán anticipando la explicación posterior.

Déjeles unos minutos y luego dígales que van a ver la explicación. Póngala primero sin subtítulos, si es necesario dos veces, y pregúnteles si coincide la explicación del vídeo sobre el futbolchapas con la que ellos han preparado para el fútbol y qué diferencias encuentran.

Ahora pregúnteles cuál creen que es el secreto de un buen jugador de futbolchapas y promueva una lluvia de ideas. Apunte en la pizarra las cualidades que le vayan diciendo y reproduzca después otra vez esa parte del vídeo, en la que se dice que el secreto para ser un buen jugador es una mezcla de técnica, estrategia y saber llevar bien los tiempos del partido.

Termine preguntándoles si les parece un juego divertido y si les gustaría jugar.

Página de entrada

√ **Competencia léxica**

√ **Aprender a aprender**

√ **Personaliza- ción del aprendi- zaje**

Confeccionar entre todos una nube con el léxico más importante de la unidad.

 FICHA PROYECTABLE 12

 CE 36, 37, 38

Pida a sus alumnos que vuelvan a la página de entrada y explíqueles que van a trabajar por parejas. Pídales que durante un minuto o dos se fijen en el vocabulario que aparece en el caballito de madera. Luego invítelos a repasar la unidad y buscar al menos cinco palabras más que les gustaría añadir a la imagen de entrada. Pregúnteles si las añadirían a las ya existentes o sustituirían algunas de las actuales por las que ellos han escogido. Anímelos a justificar su elección y su respuesta.

Pida a un alumno que escriba las palabras escogidas en la pizarra. Al final, puede mostrar la ficha proyectable 12 y pedir a otro alumno que rellene la imagen con el vocabulario más votado por la clase.

RICO, RICO Y CON FUNDAMENTO

Mapa de la unidad

PÁGINA DE ENTRADA

CUADERNO DE EJERCICIOS: **1, 2, 3, 4, MIS APUNTES**

VÍDEO

FICHAS PROYECTABLES: **1, 14**

FICHAS FOTOCOPIABLES: **1**

01 ORIGEN: ESPAÑA

CUADERNO DE EJERCICIOS: **5, 6, 7, 8, 9, 10, 11, 12, 13, 14, 15, 16, 17, 18**

FICHAS PROYECTABLES: **2, 4, 5**

FICHAS FOTOCOPIABLES: **2, 3, 4, 5**

02 EL ÉXITO DE LA COCINA PERUANA

CUADERNO DE EJERCICIOS: **19, 20, 21, 22, 23, 24, 25, 26**

FICHAS PROYECTABLES: **8, 10, 11, 12**

AGENDA DE APRENDIZAJE

CUADERNO DE EJERCICIOS: **27, 28, 29, 30, 31, 32, 33, 34, 35, 36, 37**

FICHAS PROYECTABLES: **3, 6, 7, 9, 13**

Página de entrada

√ **Competencia léxica**

√ **Activación de conocimientos previos**

√ **Activación de conocimiento del mundo**

Introducir el tema de la unidad a partir del título y de la imagen de la página de entrada.

 FICHA PROYECTABLE 1

 CE 1, 2, 3, 4

La presente unidad gira alrededor de la cocina y los alimentos, en concreto de España y Perú. No se trata de un tema nuevo, sino que ha aparecido a lo largo de los niveles A1 y A2, por lo que es muy probable que sus alumnos dispongan ya de un vocabulario y conocimientos considerables sobre los que seguir construyendo. Explíqueles que *Rico, rico y con fundamento* es una frase que popularizó un conocido cocinero español (Karlos Arguiñano). Pregúnteles qué creen que puede significar **con fundamento** y, si lo estima conveniente, escriba las siguientes opciones en la pizarra:

a. Que es difícil de digerir.
b. Que alimenta mucho.
c. Que está hecho con los productos fundamentales de la cocina del lugar.

Si no lo averiguan, explíqueles que la opción correcta es la b. A continuación pregúnteles qué representa la imagen y acepte respuestas como **olla**, **cazo**, **cazuela**, **guiso**, etc. Luego pídales que piensen, individualmente, en tres platos que se hacen en la cazuela u olla, en tres guisos. Pueden ser de su país o de otro lugar. Mientras lo hacen, invítelos a escribir también algunos ingredientes de esos platos y a relacionarlos con el léxico de la imagen. Puede poner usted un ejemplo como el siguiente: **Las lentejas son un guiso que se hace en la cazuela. Llevan zanahoria, cebolla, ajo, tomate y un poco de chorizo**. A continuación relacione **zanahoria**, **ajo**, **tomate** y **cebolla** con el hiperónimo **hortalizas**, **lentejas** con **legumbres** y el guiso

en sí con **aceite de oliva**, ya que se le echa un chorro. Cuando esté claro el mecanismo de la actividad, déjeles unos minutos para trabajar individualmente. Pasado este tiempo, haga una puesta en común en clase abierta.

Vídeo

√ **Competencia audiovisual**

√ **Competencia sociocultural**

√ **Activación de conocimientos previos**

Ver un vídeo sin sonido sobre la cocina peruana y trabajar sobre las imágenes que aparecen.

 FICHA FOTOCOPIABLE 1

El vídeo de esta unidad es el tráiler del documental *Perú sabe: la cocina, arma social*, del que se habla en la sección 01. Se trata de un documento de gran potencia visual, por lo que proponemos, en una primera fase, que sus alumnos trabajen solo con las imágenes, sin subtítulos ni sonido. Escriba el título del documental en la pizarra, *Perú sabe: la cocina, arma social,* y explíqueles que se trata de un documental sobre la cocina peruana. Anímelos a imaginar por qué se dice que la cocina es un arma social. La respuesta es que se considera la cocina como una herramienta de cambio social, ya que ofrece a jóvenes de estratos sociales humildes la posibilidad de encontrar un buen trabajo, de forma que se convierte en una vía de integración y, así, en una herramienta para transformar la sociedad. A continuación, llame su atención sobre el verbo **saber** y pregúnteles qué significa. Probablemente la mayoría conozca solo el significado de tener conocimiento de algo o habilidad para hacer una cosa, pero no el de tener gusto a. Explíqueles que en el título se juega con el carácter polisémico del verbo.

A continuación reparta la ficha fotocopiable 1 y dígales que van a ver el vídeo sin sonido y sin subtítulos. Remítalos al punto 1 y dígales que la lista de imágenes que aparece en él corresponde a varias secuencias del vídeo, pero que los elementos de la lista están desordenados. Explíqueles que su tarea consiste en ordenarlos según su aparición por primera vez en el vídeo.

Una vez hecha la puesta en común, remítalos a las preguntas del punto 2: qué sensación les producen las imágenes que han visto y cómo creen que es Perú. Si es necesario, puede volver a poner el vídeo sin sonido, para que esta vez se concentren en el efecto que la información visual tiene sobre ellos, qué impresiones y asociaciones genera. Luego haga una puesta en común en clase abierta. Deje el punto 3 de la ficha para el trabajo con el vídeo al final de la unidad.

Solución ficha fotocopiable 1

1.

1. Alimentos de la cocina tradicional peruana.
2. Pescadores.
3. Ferran Adrià y Gastón Acurio se encuentra en el aeropuerto.
4. Las ruinas incas de Machu Picchu.
5. Un congreso de gastronomía.
6. Mujeres de varias generaciones preparando platos tradicionales.
7. Una escuela de cocina.
8. Un chico juega al fútbol en una plaza de Lima.
9. Ferran Adrià prueba el plato de un estudiante.
10. Viaje en tren a Los Andes.
11. Un mercado .
12. El río Amazonas y la Amazonía peruana.
13. Un barrio popular, pobre.

3.

a. Variedad y riqueza de los productos, esfuerzo de los campesinos y los pescadores, tradición y compromiso con el legado (pasado) y el futuro del país, frescura del producto, simpleza de la preparación.

b. Carmen Chuica: Desde pequeña está acostumbrada a ver a su abuela cocinar y al mundo de la cocina. Lo suyo es la cocina.
Renzo Peña: Su objetivo es ser uno de los cabezas de la cocina peruana. De pequeño creía que su pasión era el fútbol, pero luego se dio cuenta de que la cocina era su gran pasión.
Alessandra Gonzales: Gracias a la cocina se siente más libre.

c. Para alegrar a la gente que come, pero sobre todo para transformarle la vida a las personas que están alrededor.

01
ORIGEN: ESPAÑA

Hacer una lista de productos y platos españoles.

 FICHA PROYECTABLE 2

 FICHA FOTOCOPIABLE 2

√ **Activación de conocimiento del mundo**

√ **Activación de conocimientos previos**

√ **Competencia sociocultural**

Con el libro cerrado, pregunte a sus alumnos qué productos o platos típicamente españoles conocen. Anímelos a nombrarlos en voz alta y escoja uno de ellos. Apunte en la pizarra el nombre, las palabras clave para describirlo, los ingredientes que lleva (en el caso de que sea un plato) y cualquier otra información interesante que sus alumnos conozcan al respecto.

A continuación, si tiene la posibilidad, muestre la ficha proyectable 2 y pregunte a sus alumnos qué saben sobre esos alimentos. Anímelos a contestar, en clase abierta, como en la muestra de lengua que se aporta para el aceite de oliva. Luego reparta la ficha fotocopiable 2 y pídales que la completen por parejas con todos los productos y platos españoles que recuerden. Anímelos a conversar sobre todo lo que se les ocurra: si lo han probado, si existe algo similar en su país, si se puede conseguir en su país, si les gustaría probarlo, etc.

B

Activar conocimientos previos sobre algunos alimentos típicos de la dieta mediterránea.

√ **Activación de conocimiento del mundo**

√ **Competencia sociocultural**

√ **Interacción oral**

 FICHA FOTOCOPIABLE 3

Es muy posible que en la actividad anterior se hayan mencionado el aceite de oliva o el jamón serrano. Si es así, refiérase a ambos productos y pregunte a sus alumnos si saben algo acerca de su historia, sus usos, sus propiedades (es decir, qué beneficios tiene, para qué es bueno) y algunos consejos para su ingestión o utilización. Si no se han nombrado, pregúnteles usted qué saben de ellos y del resto de productos de la actividad B y remítalos a la actividad. Puede repartir la ficha fotocopiable 3 y animar a sus alumnos a rellenarla, por parejas, con toda la información de la que disponen. Luego pídales que la pongan en común con otra pareja y explíqueles que tras leer el texto van a poder completarla con la información que falta.

Conviene recordar que el objetivo de estas actividades previas a la lectura es anticipar el léxico del texto, activar los conocimientos previos de los alumnos y despertar su curiosidad y motivación hacia la lectura del texto. Todo ello repercute positivamente en la comprensión del mismo, ya que el alumno no se enfrenta a él como a un texto completamente desconocido.

C

Leer un texto y distinguir qué información es conocida y cuál es nueva.

√ **Activación de conocimiento del mundo**

√ **Competencia sociocultural**

√ **Interacción oral**

 FICHA FOTOCOPIABLE 4

 CE 5, 6, 7, 8

Remita ahora a sus alumnos al texto de las páginas 42 y 43. Le proponemos dos formas de trabajo alternativas:

a. Divida a sus alumnos en seis grupos o parejas y asigne a cada grupo uno de los alimentos sobre los que habla el texto. Pídales que completen la tabla con la información que encuentran sobre ese alimento. Cuando hayan terminado, invite a un portavoz de cada grupo a presentar el alimento sobre el que han trabajado de forma que el resto pueda completar la tabla. Insista en que es importante que se escuchen para escribir la información. También puede animar a los alumnos a que, si no entienden algo de lo que presentan sus compañeros o les falta información, les hagan preguntas al respecto. Al final, todos tendrán la tabla cumplimentada con la información que aparece en el texto.

b. Lea el texto conjuntamente con toda la clase y luego, por parejas, anímelos a buscar la información que les falta para rellenar la tabla de cada uno de los productos. Termine con una puesta en común.

A continuación, llame la atención de sus alumnos sobre las fotografías de alimentos que acompañan al texto y pregúnteles si saben qué representa cada una. Reparta la ficha fotocopiable 4, en la que aparece el mapa culinario de España y los nombres de los alimentos para que ellos relacionen las imágenes con los nombres. Después pregunte a sus alumnos si los alimentos de la imagen se consumen en su país y anímelos a hablar sobre ello.

6

Uso de los conectores **en cambio** y **mientras que**.

 CE 33

√ **Competencias pragmáticas (discursiva)**

√ **Expresión escrita**

√ **Observación y reflexión sobre el funcionamiento del sistema formal**

Remita a sus alumnos a las siguientes frases del texto: **El tomate llegó de América en el siglo XVI, pero durante algunos siglos no se usó en la cocina. Hoy en día, en cambio, es casi imposible hacer un menú español y no usar tomate en algún plato** y **Los rusos tienen el caviar, los franceses, el foie-gras, y los italianos, las trufas, mientras que los españoles tienen el jamón.**

Subraye **en cambio** y **mientras que** y explíqueles que son conectores que introducen un contraste. El primero se escribe normalmente entre comas y el segundo forma parte de la oración subordinada.

Escriba en la pizarra las siguientes frases y anime a sus alumnos a continuarlas utilizando los conectores **en cambio** y **mientras que**.

Uno de los productos estrella de la gastronomía española es el jamón...
En España se come mucho pescado...
Las legumbres tienen mucho hierro...

D

Hablar sobre gustos con respecto a la alimentación.

 CE 9, 10

√ **Interacción oral**

√ **Personalización del aprendizaje**

√ **Competencias pragmáticas**

Hable con sus alumnos de lo que a usted le gusta y diga: **A mí me chifla el pescado; en cambio, no me gusta nada el marisco**, por ejemplo. Pregunte a un alumno: **¿Y a ti, que te gusta?** Y espere a que le conteste. Probablemente utilice los verbos **gustar** o **encantar**, que son los que mejor conoce para expresar sus gustos.

Para ampliar sus recursos funcionales, remítalos a esta actividad y llame su atención sobre los andamiajes. Hágales ver que los exponentes se encuentran aproximadamente en orden de intensidad: de lo que más gusta a lo que menos gusta. Explique que **me chifla** pertenece a un registro más bien coloquial, igual que **me da asco**.

A continuación remítalos al apartado 1 de la *Agenda de aprendizaje*, donde se sistematizan estos recursos.

1

Sistematizar recursos para hablar de experiencias y gustos con respecto a la comida.

 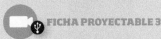 **FICHA PROYECTABLE 3**

√ **Competencia gramatical**

√ **Observación y reflexión sobre el funcionamiento del sistema formal**

√ **Personalización del aprendizaje**

Pida a sus alumnos que, individualmente, piensen en una cosa que podrían escribir en cada línea: una cosa que les chifla, una que les apasiona, etc. Llame su atención sobre las formas en singular de la columna de la izquierda y las formas en plural de la derecha. Recuérdeles que en los verbos intransitivos de afección como **gustar**, **encantar**, **interesar**, **apasionar**, **chiflar**, etc. el sujeto es la cosa que chifla, apasiona o encanta, y el verbo concuerda en número con él.

Después anímelos a pensar en algo a lo que son alérgicos, que no pueden comer y por qué, y algo que les gustaría comer o probar.

Luego anímelos a ponerlo en común en pequeños grupos. Pasee por los grupos y ponga atención a los posibles errores formales. Si ve que algunos se dan de manera recurrente en varios alumnos, llame la atención sobre ellos en voz alta, de forma que su corrección sirva para todo el grupo. Si trabaja con material proyectable no es necesario que haga una puesta en común en clase abierta de este apartado. Puede utilizar en su lugar la ficha proyectable 3. Proyéctela y explique a sus alumnos que van a comprobar cuáles son los gustos culinarios de la clase. Puede trabajar con una pelota, si lo desea, para ir dando el turno a diferentes alumnos. Muestre la primera imagen de la galería y diga usted, por ejemplo: **Me chiflan las fresas, sobre todo con nata**. Luego dé el turno a otro alumno y anímelo a hacer lo mismo. Ese alumno deberá decir otro nombre, y así sucesivamente hasta que cinco o seis hayan hablado sobre cada imagen. Es importante que al final de la actividad hayan participado todos los alumnos.

E

Escuchar tres conversaciones y entender de qué producto se habla en cada una y qué se dice sobre él.

 14-16

 TRANSCRIPCIÓN

 FICHA PROYECTABLE 4

 FICHA FOTOCOPIABLE 5

 CE 15, 17, 18

√ **Comprensión auditiva**

√ **Interacción oral**

√ **Personalización del aprendizaje**

Cuénteles a sus alumnos que hay un alimento que usted siempre tiene en casa y anímelos a hacerle preguntas para adivinar de cuál se trata. Puede sugerirles usted algunas preguntas posibles como: **¿Se guarda en la nevera?, ¿es una fruta?, ¿se toma con el café?, ¿es dulce o salado?**, etc. hasta que lo adivinen. Ayúdelos cuando les falte el léxico necesario para formular las preguntas. Si considera que los alimentos que se mencionan en la grabación son desconocidos o pueden plantear problemas (salmón, dulce de leche y miel), puede trabajar con la ficha proyectable 4. Si no trabaja con este material, puede introducir usted el nombre de los alimentos en la fase de toma de contacto. Para hacer una actividad previa a la audición puede proyectar la ficha 4. Pregunte a los alumnos si saben qué representan las fotografías, si utilizan esos alimentos y, si lo hacen, cómo y para qué. Apunte sus respuestas. De esta manera se activa gran parte del vocabulario que aparece en las grabaciones y se facilita su comprensión posterior. A continuación, explíqueles que van a escuchar varias conversaciones, en cada una de las cuales dos personas hablan sobre uno de esos alimentos, y entrégueles la ficha fotocopiable 5.
Si no trabaja con material proyectable puede repartir directamente la ficha fotocopiable 5. Recuérdeles que pueden escuchar la grabación dos veces.

Tras la escucha haga una puesta en común en clase abierta y pregúnteles si sus costumbres coinciden con las de los hablantes de la grabación.

Solución ficha fotocopiable 5

	Qué tiene	Qué hace con ello	Otra información
Nuria	Salmón ahumado.	Hace tostadas para desayunar; lo come con ensalada; prepara un plato de salmón que marina con zumo de limón, aceite y hierbas.	Se lo trae un amigo de Noruega.
Anabel	Miel.	La pone en las infusiones, los yogures, las cuajadas; la toma con queso fresco; prepara cinta de lomo con miel y mostaza al horno.	Tiene muchas propiedades.
Tomás	Dulce de leche.	Lo toma a cucharadas, solo; con el helado y con el *brownie* (una tarta de chocolate).	Le gusta cuando está triste y en pequeñas cantidades.

F

Aprender a hablar de prioridades con **lo más importante** y **lo menos importante**.

√ **Investigación en internet**

√ **Comprensión audiovisual**

√ **Competencia sociocultural**

Explique a sus alumnos que van a llevar a cabo una investigación en internet. Invítelos a formar grupos y explíqueles que deben escoger uno de los seis productos estrella de los que se habla en el texto.
Cuando hayan escogido el producto, invítelos a buscar en internet una receta en vídeo en la que se utilice. Puede proponer una lluvia de ideas en clase abierta sobre los posibles términos de búsqueda en el buscador, así como

sitios web sobre cocina española, si ha hecho usted
previamente una búsqueda. Si no, puede dejarlo abierto
para que los alumnos entrenen sus estrategias de búsqueda
en internet y comprensión audiovisual.

Deles unas pautas generales para presentar el vídeo,
tales como explicar qué alimento es, qué producto estrella
contiene, por qué lo han escogido, cuándo se toma, de dónde
es, etc. y si a ellos les gustaría probarlo o lo han comido ya.
Tras la presentación, el resto de compañeros podrá hacer
preguntas y comentarios.

Crear el mapa de los productos más importantes de la región o el país de cada uno.

√ **Trabajo cooperativo**

√ **Competencia intercultural**

√ **Expresión oral**

En los mismos grupos, pídales a continuación que retomen
la lista de productos estrella que elaboraron en la actividad
anterior y que la amplíen para llegar hasta diez. Luego,
remítalos al mapa de productos estrella de las páginas 42 y
43 e invítelos a hacer lo mismo con su país o región.
De nuevo, dé libertad a los grupos para elaborar el mapa en
el formato que deseen: un mapa dibujado en una cartulina
sobre la que pegar fotografías extraídas de revistas, en
formato digital con fotografías extraídas de páginas web,
etc. Asimismo, en el caso de que se decidan por un mapa en
formato digital, puede invitarlos a incluir enlaces a páginas
web que hablen sobre los productos u otros recursos que
ellos mismos propongan.

Tenga en cuenta que cuanto más elaborada sea la tarea,
mayor desafío cognitivo supondrá y por tanto mayor
repercusión tendrá sobre la memoria de los alumnos.

G

Escribir uno o varios textos sobre productos de la región de cada uno.

 FICHA PROYECTABLE 5

 CE 11, 12, 13

√ **Competencia sociocultural**

√ **Expresión oral**

√ **Expresión escrita**

Vuelva a pedir a los alumnos que se dividan en grupos,
pero esta vez invítelos a buscar compañeros que sean de
su misma región (o país, en el caso de que haya diferentes
culturas en el aula). Explíqueles que deben pensar en tres
o cuatro productos estrella de su país o región y luego
escribir un texto sobre cada uno. Después escogerán uno
para presentárselo al resto de la clase. El producto de esta
actividad es, por tanto, doble: un primer texto escrito sobre
el producto y una presentación sobre el mismo para el resto
de la clase.

Para guiar la fase de recopilación de información puede
sugerirles que utilicen una tabla similar a la de la ficha
fotocopiable 3. Remítalos asimismo a los andamiajes de esta
actividad y lea con ellos el ejemplo sobre el queso minas.
Anímelos a explicar todo aquello que les parezca interesante
sobre el producto y a personalizar la presentación a su
gusto: pueden explicar si les gusta o apasiona, por qué,
etc. Negocie asimismo con ellos el tipo de presentación:
simplemente oral, con degustación, en formato digital, un
póster, un vídeo, etc. Si lo desean, los grupos pueden utilizar
la ficha proyectable 5 para la presentación.

I

Inventar un menú entre toda la clase.

 CE 14, 16

√ **Interacción oral**

√ **Trabajo cooperativo**

√ **Competencia intercultural**

Pregunte a sus alumnos si les gusta la cocina fusión. Si algunos no saben qué es, anime a quienes sí lo saben a explicárselo a los demás (se trata de un tipo de cocina en el que se combinan tradiciones gastronómicas de diferentes culturas y países).

Explíqueles que el objetivo de esta actividad es elaborar conjuntamente un menú de cocina fusión en el que se combinen sabores de la gastronomía típica de todas las culturas representadas en el aula con los de la cocina española. El menú debe consistir en un primer plato, un segundo plato y un postre, pero todos los platos deben ser aptos para todos los alumnos, es decir, tienen que asegurarse de que el menú sea apto para alumnos vegetarianos, celíacos o alérgicos a algún producto, por ejemplo, si los hubiera en clase. Anime a sus alumnos a proponer platos y al resto a expresar objeciones, sugerir alternativas, etc.

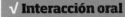

02
EL CARRITO DE LA COMPRA

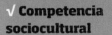
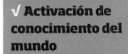

√ **Interacción oral**

√ **Competencia sociocultural**

√ **Activación de conocimiento del mundo**

A

Activar conocimientos sobre cocina latinoamericana.

La segunda parte de la unidad está dedicada a la cocina de Latinoamérica, en concreto de Perú.

Si no lo ha hecho ya cuando trabajó con el vídeo, pregunte a sus alumnos, en clase abierta, qué platos o ingredientes conocen de la cocina de Latinoamérica y apúntelos en la pizarra. Pregunte entonces qué saben de la cocina peruana. Es posible que hayan estado en algún restaurante peruano, o que hayan viajado a Perú, o que sepan algo de su cocina a través de otras fuentes. Fomente la interacción en el grupo sobre todo ello en clase abierta. Luego pregúnteles si saben si hay restaurantes peruanos en su ciudad. Si existen, podría ser interesante preguntarles si algún voluntario querría ir allí y pedir una carta. El próximo día de clase se puede trabajar con ella para conocer la cocina peruana mucho más de cerca.

B

Leer un texto y señalar la información nueva.

 CE 14, 16

√ **Comprensión de lectura**

√ **Personalización del aprendizaje**

Explique a sus alumnos que van a leer un texto sobre la cocina peruana y sobre Gastón Acurio, que es uno de los dos cocineros que protagonizan el documental *Perú sabe: la cocina, arma social*. Recuerde con ellos la información del vídeo con el que han trabajado al principio de la unidad. Para guiar la lectura, si lo estima conveniente, puede hacerles algunas preguntas e invitarlos a pensar sobre ellas antes de leer el texto. Pregúnteles o escriba en la pizarra:

¿Qué clima creéis que hay en Perú?
¿Qué creéis qué se cultiva principalmente y qué alimentos constituyen la base de la cocina peruana?
¿Qué influencias creéis que puede tener la cocina peruana y por qué?

A continuación, invítelos a leer el texto introductorio de forma individual, a buscar las respuestas a las preguntas anteriores y a subrayar la información nueva y más interesante para ellos.

Tras una puesta en común en clase abierta, lea con ellos el texto y pregúnteles si les parece interesante el enfoque de Acurio (cocina de fusión peruana). Remítalos después a la frase **En las cartas de sus restaurantes destacan los ceviches, los arroces y los pescados**. Pregúnteles si saben qué es el ceviche. Si no lo saben, explíqueles que se trata de un plato hecho a base de pescado crudo. Pregúnteles si en la cocina de su país hay platos preparados con pescado crudo y apunte los nombres en la pizarra. A continuación, invítelos a leer la receta del ceviche y pregúnteles si les gustaría probarlo, si les apetecería prepararlo, si creen que es sencillo, si podrían conseguir todos los ingredientes de forma sencilla, etc.

7

Conocer los verbos más habituales para dar una receta.

CE 30

√ **Competencia léxica**

√ **Competencia gramatical**

√ **Aprender a aprender**

Indique a sus alumnos que en la receta se utilizan verbos que designan acciones habituales en la cocina. Pídales que vuelvan a leerla y los subrayen. Algunos les resultarán familiares, pero otros serán desconocidos. Anímelos a deducir su significado a partir del contexto y de su conocimiento del mundo. Pueden consultar con otros compañeros e intercambiar hipótesis acerca de posibles significados.
Luego remítalos a este apartado de la *Agenda de*

aprendizaje y amplíe la lista de verbos con los que aparecen aquí. Explique que algunos de ellos son irregulares, como **freír (frío)**, **cocer (cuezo)**, **revolver (revuelvo)** y **servir (sirvo)**.

4

Observar el paradigma verbal del imperativo afirmativo.

 FICHA PROYECTABLE 6

√ **Competencia gramatical**

√ **Observación y reflexión sobre el funcionamiento del sistema formal**

Si no le han preguntado aún por ello, llame la atención de sus alumnos sobre la forma en la que aparecen los verbos de la receta. Probablemente se den cuenta rápidamente de que se trata de una forma para dar instrucciones. Explíqueles que recibe el nombre de **imperativo**.
Si trabaja con las fichas proyectables, puede mostrar la número 6. Si no, remítalos a este apartado de la *Agenda de aprendizaje*. Hágales ver que las formas para **usted** y **ustedes** son las mismas que las del presente de subjuntivo y que la forma para **vosotros** es el infinitivo pero con una **-d** final en lugar de una **-r**.
Llame su atención sobre la frase **Carlos, compra tomates, por favor** y explíqueles que si queremos sustituir el complemento directo por el pronombre correspondiente (**los**), este tiene que ir detrás del verbo, ligado a él: **cómpralos**. Esto implica que la sílaba tónica retrocede una sílaba (en este caso hasta la antepenúltima, lo que convierte la palabra en esdrújula y hace que sea necesario añadir una tilde). Si hay más de un pronombre (reflexivo o de complemento indirecto) se colocan todos tras el verbo y ligados a él, siguiendo el orden habitual en la oración (primero el de complemento indirecto y luego el de complemento directo): **dáselo**.

5

Observar el
paradigma verbal del
imperativo negativo.

FICHA PROYECTABLE 7

CE 31, 32

√ **Competencia gramatical**

√ **Observación y reflexión sobre el funcionamiento del sistema formal**

Remita a sus alumnos a este apartado de la *Agenda de aprendizaje* y pídales que observen las formas del imperativo negativo. Hágales ver que en este caso coinciden todas con las del presente de subjuntivo. Explíqueles que el comportamiento de los pronombres es diferente al que tienen con las formas del imperativo afirmativo, puesto que en este caso se sitúan antes del verbo y como palabra independiente: **No los compres**. Si trabaja con material proyectable, pida a sus alumnos que cierren el libro, muéstreles la ficha 7 e invítelos a completar las formas. Si no trabaja con las fichas proyectables, utilice la pizarra y anime a los alumnos a conjugar el paradigma completo para tres verbos, uno de cada conjugación. En ambos casos, pida a un alumno que escriba las formas de los verbos que le vayan dictando sus compañeros.

C y pídales que clasifiquen los alimentos en las categorías que aparecen allí.

Además del entrenamiento en lectura selectiva, desde el punto de vista de la competencia léxica esta actividad persigue que sus alumnos sean capaces de clasificar diferentes vocablos siguiendo criterios semánticos, lo que contribuye a ampliar y reforzar las asociaciones entre las unidades de su lexicón mental.

Solución

Bebidas: chicha (cerveza de maíz) y masato (de yuca).
Carne: de buey, de cerdo, vísceras.
Pescados: corvina, mero, (marisco).
Frutas: chirimoya, limón.
Hortalizas: patatas, tomate, calabaza, aguacate, cebolla, ajo, rocotó/ají limo, yuca.
Legumbres: frijoles.
Otros: pasta y cereales (maíz, quinua, amaranto, arroz), frutos secos (cacahuetes), lácteos, huevos, condimentos (sal, pimienta, cilantro).

Si puede, proyecte la ficha 8 con la pirámide alimenticia. En la base aparecen los que se deben ingerir con mayor regularidad y en la cima los que se deben ingerir con menor frecuencia. A raíz de esa imagen, anime a los alumnos, en parejas, a pensar en consejos para alimentarse bien, como el que aparece en la muestra de lengua.

C

Clasificar alimentos
según el tipo al que
pertenecen.

FICHA PROYECTABLE 8

√ **Comprensión de lectura**

√ **Competencia léxica**

Pida a sus alumnos que vuelvan a leer los textos, pero esta vez explíqueles que se trata de una actividad de lectura selectiva que consiste en localizar en el texto los nombres de algunos alimentos. Si lo estima conveniente, puede limitar el tiempo de lectura para obligarlos a concentrarse en esta tarea concreta. Pasado este tiempo, remítalos a la actividad

2

Activar vocabulario de alimentos en la expresión de gustos personales.

√ **Competencia léxica**

√ **Personalización del léxico**

√ **Competencia gramatical**

Se propone a continuación una actividad de personalización del aprendizaje y de práctica significativa de las oraciones de relativo.

Remita a sus alumnos al apartado 2, escoja una de las categorías de la izquierda y piense en un ejemplo referido a usted mismo, como: **Un plato típico de otro país que me encanta es la sopa de achicoria, de Polonia. Uno que no me gusta nada es el chucrut alemán**. Luego anímelos a completar cada categoría con sus propios ejemplos. Proponga entonces una puesta en común en pequeños grupos. Aproveche para caminar entre ellos, participar y comentar los gustos de los alumnos. Si observa que se dan errores recurrentes, llame la atención sobre ellos al final en clase abierta.

3

Conocer algunas colocaciones habituales con léxico de alimentos.

√ **Competencia léxica**

√ **Personalización del léxico**

√ **Competencia gramatical**

  FICHA PROYECTABLE 9

 CE 27, 28, 29

En el apartado anterior sus alumnos han hablado de un plato de su país y otro de un país extranjero. Si no han explicado en qué consisten, qué tipo de alimento es, qué ingredientes lleva o cómo se prepara, pregúnteselo usted ahora a algunos alumnos. Anote en la pizarra el vocabulario relevante que utilicen para ello, como **Es un**

pescado que se hace al horno. Como siempre, puede comenzar usted para darles una muestra de lengua. A continuación, remítalos a este apartado y observe con ellos las combinaciones léxicas frecuentes que se incluyen para cada tipo de alimento. Resuelva las dudas que puedan surgir y anímelos después a escribir sobre sus tres platos favoritos. Haga después una puesta en común en clase abierta.

A continuación, si trabaja con el material proyectable, invite a sus alumnos a cerrar el libro y proyecte la ficha 9. Proponga a sus alumnos el siguiente juego: en un minuto deben escribir todas las combinaciones posibles que recuerden para cada fila. Pasado el minuto, pregunte en clase abierta cuántas combinaciones han conseguido. Pida a los alumnos que más han escrito que las digan en alto y vaya anotándolas en la ficha proyectable. Los demás compañeros pueden corregir, ampliar o completar las listas de sus compañeros y las suyas propias.

D

Escuchar y comprender la receta de la pipirrana.

√ **Comprensión auditiva**

√ **Competencia sociocultural**

√ **Construcción de hipótesis**

  FICHAS PROYECTABLES 10, 11

 CE 22, 23

Pregunte a sus alumnos, con el libro cerrado, si saben qué es la pipirrana. Si alguien lo sabe, pídale que no lo diga. Divida a sus alumnos en grupos de tres y anímelos a pensar en qué plato puede ser la pipirrana. Puede, si lo estima conveniente, darles algunas pistas, como que se trata de un plato típicamente andaluz y que se come especialmente en verano. Se trata de una actividad que tiene un doble objetivo: por un lado, favorecer una escucha activa mediante la activación del léxico de los alimentos y la construcción de hipótesis ; por otro, introducir un componente lúdico que los alumnos pueden explotar en mayor o menor medida según su interés personal e inclinación al juego. Por eso, anime a sus alumnos a utilizar las estrategias que prefieran para llevar a cabo esta actividad: inventar, deducir a partir de su conocimiento del mundo, etc.

Haga luego una puesta en común y comente con ellos las ocurrencias que más se aproximan a la realidad, las más llamativas, las más imaginativas, etc. Luego, si alguien sabía qué es la pipirrana, anímelo a explicárselo a los demás. Si no, pídales que abran el libro y se fijen en la receta de la actividad D. Anímelos a mirar la fotografía y leer los ingredientes y pregúnteles si alguno había acertado. Explíqueles a continuación, si no lo ha hecho aún, que la pipirrana es un plato típico de Andalucía. Remítalos a la receta, que aparece incompleta. Faltan algunos ingredientes, verbos que designan acciones de la cocina, marcadores temporales y otras palabras. Anímelos a intentar reconstruirla y acláreles que podrán contrastar su texto después con la grabación. El objetivo de esta forma de proceder es que los alumnos sean conscientes de los ingredientes, combinen su capacidad lógica con su conocimiento del mundo y aventuren nuevas hipótesis a la hora de construir un texto. Asimismo, evidentemente, esta actividad previa facilita la comprensión de la escucha posterior. Antes de escuchar el audio, haga una puesta en común de sus respuestas y comente aquellas que son posibles (aunque tal vez no sean las que se dan en la receta) y aquellas que no son posibles, por ejemplo porque no sean correctas desde el punto de vista gramatical.

Una vez que tengan un repertorio de posibles soluciones, reproduzca el audio -dos veces si es necesario- y anime a sus alumnos a que comprueben sus hipótesis. Es importante que explique a sus alumnos que la grabación no se corresponde literalmente con el texto escrito. Se trata, por lo tanto, de que tomen notas, que luego las cotejen con lo que habían anotado previamente y, cuando tengan la información, completen el texto. Para ello, deberán transformar los verbos a su forma correspondiente de imperativo. Recuérdeles además que tras las formas del imperativo, los pronombres personales son clíticos, es decir, aparecen ligados al verbo. Puede mostrarles la ficha proyectable 11 para ilustrar la posición de los pronombres.

Si prefiere que sus alumnos no tengan que hacer la transformación o desea introducir una actividad previa en la que tengan el texto tal y como aparece en la grabación, puede trabajar con la ficha proyectable 10. En ella se han extraído los fragmentos de la grabación relevantes para la comprensión de los ingredientes y el modo de preparación de la pipirrana.

Solución

pimientos / córtelos/ ajos / cebollas / pele / Mézclelo / vinagre / en la nevera / una hora y media / acompañar.

A partir de unas imágenes, escribir la receta de la escalivada.

√ **Competencia sociocultural**

√ **Expresión escrita**

√ **Investigación en internet**

Ahora que sus alumnos han escuchado, leído y recompuesto una receta, se les propone una actividad guiada pero más libre que consiste en que, a partir de unas imágenes, escriban la receta de otro plato típico de la cocina española: la escalivada.

Deles a escoger entre trabajar por parejas o de forma individual. Al final, haga una puesta en común y escriba la receta en la pizarra. Pregunte a sus alumnos si la han probado o les gustaría probarla.

Propuesta de solución

Primero se lava bien la verdura: los pimientos, las cebollas y las berenjenas. Luego se pone todo sobre una fuente de horno y se mete al horno a 180 grados. Cuando las verduras están blandas, se sacan y se dejan enfriar. Por último se pelan, se cortan en rodajas y se les echa un chorro de aceite de oliva.

9

Uso de los verbos
meter, **tirar**, **echar**, **guardar** y **poner**.

  FICHA PROYECTABLE 12

  CE 34

√ **Competencia léxica**

√ **Competencia gramatical**

√ **Competencia plurilingüe**

En este apartado se propone una actividad de observación de los verbos **meter**, **poner**, **echar**, **guardar** y **tirar**. Se trata de verbos muy comunes y que abarcan una gran cantidad de significados diferentes, y para los que a menudo existe más de un verbo en otras lenguas, por lo que pueden presentar problemas para quien está aprendiendo español. Es posible que los verbos que se utilizan en sus lenguas tengan significados que se solapen, crucen y coincidan solo parcialmente con los de estos verbos del español, y que rijan además preposiciones diferentes. Por eso se presentan en contexto, para que el alumno reflexione sobre ellos a partir de ejemplos concretos.

Remita a sus alumnos a la *Agenda de aprendizaje* y explíqueles que van a observar con detenimiento algunos verbos comunes y muy útiles cuando se habla de cocina (aunque se utilizan también en otros contextos).

Lea con ellos las frases y asegúrese de que entienden el significado. Luego pídales que, de forma individual, las traduzcan a su idioma y observen los verbos que se utilizan en cada caso. Déjeles unos minutos para reflexionar sobre ello y haga una puesta en común. Pregúnteles si pueden extraer alguna consecuencia y cómo creen que pueden aprender estos verbos. Es importante que enfatice la preposición que rige cada uno de ellos: **meter/poner (algo) en**, **echar/poner (algo) a**, **guardar/poner (algo) en** y **tirar (algo) a**.

Para asegurarse de que han comprendido cómo se usan estos verbos, invítelos a escribir otro ejemplo con cada uno de ellos. Póngalos en común en clase abierta y corrija los errores para asegurarse de que queda claro su uso. Si trabaja con material proyectable, muestre la ficha 12. A lo largo del mes de abril de 2013, la artista Honk Yi (www. redhongyi.com), de Malasia, se dedicó a crear obras de arte confeccionadas con alimentos. Dos de ellas son las que aparecen en esta ficha.

Para esta actividad proponemos que muestre a sus alumnos algunas de esas imágenes, por ejemplo las que aparecen en su proyecto en Instagram (instagram.com/redhongyi) y anime a sus alumnos a pensar en posibles dibujos que podrían hacer con comida. Es importante que enfatice que puede tratarse de un simple rostro (con aceitunas para los ojos y una rodaja de sandía para la boca, por ejemplo) u otras formas sencillas, de forma que lo que prime sea la creatividad y el gusto por el juego, no el talento artístico.

Explique el procedimiento y anímelos a trabajar en parejas o grupos. Puede pedirles que hagan los dibujos fuera del aula, en casa, y que los fotografíen. En la siguiente clase, cada grupo deberá presentar su dibujo y explicar cómo se hace, tal y como aparece en el ejemplo.

E

Organizar una comida para toda la clase.

  CE 24, 25, 26

√ **Interacción oral**

√ **Competencia intercultural**

√ **Componente lúdico**

Una forma lógica y atractiva de terminar esta unidad es organizar una comida en la clase. Por ello, puede hacer esta propuesta a sus alumnos. Si están de acuerdo, pida a cada uno que escoja un plato que puedan preparar y traer a clase. Cuando lo hayan escogido, anímelos a presentárselo al resto de los compañeros explicando de qué plato se trata, qué ingredientes lleva, cómo se prepara y por qué lo han escogido. Los demás compañeros pueden comentar si les gusta, si les sienta bien, si lo han probado alguna vez o les apetece probarlo, si son alérgicos a alguno de sus ingredientes, etc.

Vídeo

√ **Comprensión audiovisual**

√ **Interacción oral**

√ **Competencia existencial**

Ver el vídeo con sonido y comprender la información fundamental.

 FICHA FOTOCOPIABLE 1

Diga a sus alumnos que van a volver a ver el vídeo, esta vez con sonido. Recomendamos que la primera vez que lo ponga sea sin subtítulos. Si después lo considera necesario, puede activar esta función.

Explíqueles que van a trabajar con el puntos 3 de la ficha fotocopiable 1 y remítalos a ella. Lea con ellos los enunciados y, si lo considera conveniente, puede sugerirles que durante el primer visionado intenten solucionar sobre todo el punto 3.a. y en un segundo visionado, los puntos 3.b. y 3.c.

Antes de ver el vídeo, lea con ellos los factores de la lista del punto 3 y asegúrese de que entienden el significado de cada uno. Será útil que sus alumnos hagan hipótesis acerca de aquello a lo que se refieren esos factores (por ejemplo, frescura de los productos, variedad de frutas, etc.) y por otro, cuáles son en su opinión los factores clave. Así, cuando vean el vídeo estarán llevando a cabo una actividad de comprobación de dichas hipótesis.

En cuanto a los puntos 3.b. y 3.c., comente con ellos las opiniones de los estudiantes y de Gastón Acurio, para que no se trate de una mera actividad de comprensión, sino que tengan que tomar una postura crítica al respecto de las opiniones de los hablantes, lo cual favorece un acercamiento más profundo y significativo. Puede enlazarlo con el subtítulo del documental: *La cocina, arma social.*
Si lo estima conveniente, puede preguntarles si conocen otras actividades que puedan tener este valor transformador en la sociedad (el arte, el deporte, etc.).

Página de entrada

√ **Competencia léxica**

√ **Aprender a aprender**

Clasificar el vocabulario de la página de entrada.

 FICHA PROYECTABLE 13

 CE 35, 36, 37

Pida a sus alumnos que vuelvan a la página de entrada y piensen en una posible clasificación para el vocabulario que aparece allí. Pueden trabajar por parejas. Déjeles unos minutos para ello y luego anime a cada pareja a explicar el tipo de clasificación que ha hecho y qué palabras o expresiones ha incluido en cada categoría.

Recuérdeles que manipular el vocabulario, establecer relaciones entre las unidades léxicas, por ejemplo, ayuda a memorizarlo mejor. Cuanto más personales son las estrategias que emplean, más positivamente repercuten en la memoria a largo plazo, por lo que anime a sus alumnos a pensar en formas de clasificar el vocabulario que sean realmente significativas para ellos.

Por último, como es habitual si trabaja con las fichas proyectables, muestre la número 13 y anime a sus alumnos a escoger entre todos las palabras y los grupos de palabras más importantes de la unidad.

¿IGUALES, PARECIDOS O DIFERENTES?

Mapa de la unidad

PÁGINA DE ENTRADA

CUADERNO DE EJERCICIOS: **1, 2**

FICHAS PROYECTABLES: **1, 12**

01 EL CUMPLE DE ESTHER

CUADERNO DE EJERCICIOS: **3, 4, 5, 6, 7, 8**

FICHAS PROYECTABLES: **2, 8**

FICHAS FOTOCOPIABLES: **1, 3**

02 EL ICEBERG DE LA CULTURA

CUADERNO DE EJERCICIOS: **9, 10, 11, 12, 13**

FICHAS PROYECTABLES: **9, 10, 11**

FICHAS FOTOCOPIABLES: **4**

AGENDA DE APRENDIZAJE

CUADERNO DE EJERCICIOS: **14, 15, 16, 17, 18, 19, 20, 21, 22, 23, 24, 25, 26, 27, 28, 29, 30, 31, 32, 33, 34, 35, 36**

FICHAS PROYECTABLES: **3, 4, 5, 6, 7**

FICHAS FOTOCOPIABLES: **2**

Página de entrada

√ **Activación de conocimientos previos**

√ **Competencia léxica**

√ **Consciencia intercultural**

Introducir el tema de la unidad a partir del título y del léxico de la página de entrada.

 FICHA PROYECTABLE 1

 CE 1, 2

Muestre la ficha proyectable 1 o remita a sus alumnos a la página de entrada y lea el título en alto. Déjeles unos instantes para que miren las imágenes e intenten ponerlas en relación con el título. A continuación, pregúnteles cuál imaginan que es el tema de la unidad (las diferencias y las semejanzas que se dan entre diferentes culturas). La imagen tiene en este caso un doble significado: por un lado, tanto la copa como la jarra son tipos de vasos que se utilizan para beber. Por lo tanto, son parecidos, pertenecen a una misma categoría de utensilios, pero se diferencian en su forma y en su uso. Por otro lado, el punto de partida en esta unidad para la observación y la reflexión sobre las normas de comportamiento de una sociedad es una invitación de cumpleaños en España.

Por supuesto, en esta unidad se pretende mostrar un ejemplo entre muchísimos otros posibles. Es decir, no en todas las regiones de España funcionan las mismas reglas, ni siquiera entre generaciones o grupos sociales diferentes. Pretendemos solo mostrar una de las muchas tendencias culturales que se pueden reconocer, y que a su vez está revestida de multitud de matices y peculiaridades culturales, sociales y personales que se manifiestan en grado variable. Tenga en cuenta, asimismo, que esto se magnifica en el caso de América Latina, donde los hábitos sociales y culturales presentan una diversidad y una riqueza que serían imposibles de abarcar en una unidad didáctica.

El profesor debe, por lo tanto, considerar la posibilidad de adaptar en todo momento la información para ampliarla o incluso modificarla según sus propias creencias, costumbres, experiencia y actitudes.

01
EL CUMPLE DE ESTHER

√ **Construcción de hipótesis**

√ **Competencia sociocultural**

√ **Expresión escrita**

 A

Ver un cómic sin texto e imaginar qué sucede en cada viñeta.

 FICHA PROYECTABLE 2

 FICHA FOTOCOPIABLE 1

Escriba en la pizarra la palabra **cumpleaños** y pregunte a sus alumnos cómo se suelen celebrar los cumpleaños en su país y en su entorno más cercano. Pregúnteles qué suelen hacer ellos: si invitan a amigos a casa, si celebran una fiesta en algún lugar, si lo celebran con la familia, etc.

Remítalos entonces al cómic de las páginas 54 y 55 o proyecte la ficha 2 y explíqueles que representa una de las muchas formas de celebrar una ocasión especial (por ejemplo, un cumpleaños) en España: invitar a los amigos a comer a casa.

Pídales que miren el cómic, primero de forma individual, y que imaginen qué sucede en cada viñeta. También anímelos a fijarse en todo aquello que les resulte curioso o sorprendente. Déjeles unos minutos para ello y luego invítelos a compartir sus impresiones con un compañero. Haga una puesta en común en clase abierta.

Si no se han fijado ellos, puede llamar su atención sobre algunas pistas del cómic que se refieren a costumbres relativamente extendidas en España pero que pueden ser muy diferentes a las de otros países o culturas. Por ejemplo el hecho de que Esther llama a sus amigas a las 22.30 y a las 23.00, lo que en otros países se consideraría una hora inadecuada; la costumbre de saludarse con dos besos en la mejilla entre mujeres o entre una mujer y un hombre; la costumbre de enseñar la casa a los invitados; el hecho de que los invitados de confianza cojan las cosas directamente de la nevera de los huéspedes; las largas despedidas que se negocian de antemano, etc.

Cuando esté claro qué sucede en cada viñeta, anime a las mismas parejas a pensar en un posible diálogo para cada una. Entrégueles la ficha fotocopiable 1 y anímelos a escribir diálogos para cada viñeta. Déjeles de nuevo unos minutos para ello. Explíqueles que más tarde van a poder escuchar los diálogos reales y compararlos con los suyos.

 B

Compartir experiencias de contacto con otras culturas.

√ **Interacción oral**

√ **Consciencia intercultural**

√ **Competencia sociocultural**

Pregunte a sus alumnos si han estado alguna vez en casa de españoles o latinoamericanos y anime a los que lo hayan hecho a compartir su experiencia: cómo fue, qué les gustó, qué es diferente o igual que en su país, qué les llamó la atención, etc. Luego, pregúnteles si alguna de las situaciones del cómic es similar a las que vivieron ellos, escuche sus respuestas y hable con ellos sobre ellas.

Como siempre en este tipo de actividad de interacción oral, anime al resto de compañeros a hacer preguntas o comentarios sobre lo que dicen los demás.

 C

Escuchar las conversaciones del cómic y comprender de qué tratan.

√ **Comprensión auditiva**

√ **Competencia sociocultural**

 18-30

 TRANSCRIPCIÓN

Explique a continuación que van a escuchar las conversaciones que corresponden a las viñetas del cómic. Pida a sus alumnos que escuchen los audios para intentar comprender qué se dice en cada uno: quién habla, sobre qué, qué dice al respecto, etc. Recuérdeles que no es necesario que comprendan todo. Es suficiente con que comprendan qué sucede en cada viñeta (podrán comprobar lo que se habló en la actividad A). Para ello pueden anotar algunas frases o

palabras que entiendan y les parezcan importantes. Haga una puesta en común y explique a sus alumnos que en la siguiente actividad van a poder leer el texto íntegro de las transcripciones de los diálogos. Si lo estima necesario, puede permitirles que, antes de hacer la actividad D, que escuchen de nuevo, esta vez mientras leen las transcripciones.

 D

Leer la transcripción e identificar los exponentes con los que se llevan a cabo algunos actos de habla.

√ **Comprensión de lectura**

√ **Competencias pragmáticas (funcional)**

√ **Competencia sociocultural**

 CE 3, 4, 5

Remita a sus alumnos a la actividad D de la página 56 y a las transcripciones de los diálogos de las viñetas. Invítelos a leerlas buscando qué acto de habla de los que aparecen marcados en negrita en la parte superior se realiza en cada caso. Acláreles que en una viñeta se pueden realizar varios actos de habla.

Tras la puesta en común, pregúnteles de nuevo si esas cosas se hacen igual en su país (la forma de proponer un encuentro, de aceptarlo o rechazarlo, de ofrecer ayuda, etc.) y explíqueles que más tarde van a observar con detenimiento cómo se hacen estas cosas en España.

Solución
Invitan a una casa: el sábado 9, a las 22.30 h.
Se excusan por no poder asistir: el sábado 9, a las 22.30 h.
Se citan, quedan: otra amiga, 23 h.
Ofrecen ayuda: otra amiga, 23 h.
Ofrecen un regalo: los últimos preparativos.
Enseñan la casa: la casa, el cuarto de la plancha.
Se presentan: el hermano de Esther con su nueva novia.
Hablan de la comida: los últimos preparativos, la paella, en la mesa, en la sobremesa.
Elogian algo: llegan los primeros, la casa, en la mesa.
Se despiden: después de 10 minutos en la puerta.

Agenda de aprendizaje

 5

El uso de la conjunción **que** para explicar o justificar.

 FICHA PROYECTABLE 3

 FICHA FOTOCOPIABLE 2

 CE 32, 33, 34

√ **Competencia gramatical**

√ **Competencia léxica**

√ **Competencias pragmáticas (funcional)**

Remita a sus alumnos a la transcripción de la viñeta titulada: **El sábado 9, a las 22.30h** y llame su atención sobre la frase: **El domingo vamos a hacer una paella en casa, que es mi cumple**. Subraye la conjunción **que** y pregúnteles a qué otro nexo equivale. Probablemente entiendan que se trata de una forma de introducir una causa y que en este caso equivale a **porque**.

Remítalos entonces a la *Agenda de aprendizaje* y muéstreles los otros ejemplos que aparecen en este apartado. Enfatice que la conjunción **que** suele ir precedida de una coma, y que esta pausa se hace también al hablar. Compare la forma de decir: **Nos vamos, que mañana Emilio trabaja**, con pausa tras **vamos**, frente a **Nos vamos porque mañana Emilio trabaja**, que se dice sin pausa. A continuación, entrégueles la ficha fotocopiable 2 e invítelos a pensar en formas de continuar los enunciados. Permítales trabajar individualmente y haga después una puesta en común. Puede utilizar la ficha proyectable 3.

Luego pida a sus alumnos que formen parejas y piensen en posibles contextos de uso para las frases que han escrito. Por último, anímelos a escoger una de las situaciones, escribir o tomar notas para un diálogo y a representarlo libremente en clase (sin sus notas).

 3

Hablar de los compromisos y la disponibilidad.

 CE 17, 18, 19, 20

√ **Competencias pragmáticas (funcional)**

√ **Competencia sociocultural**

√ **Competencia léxica**

A continuación, muestre a sus alumnos el recurso que utiliza Esther para invitar a Irene: **¿Cómo lo tenéis?**, y la reacción de esta: **El domingo… es que es el aniversario de bodas de mis suegros**. Hágales ver que **es que** suele introducir una razón por la cual no se puede aceptar la propuesta. Luego remítalos a la *Agenda de aprendizaje* para ver otras posibles respuestas, todas ellas con el verbo **tener**: **tengo una boda, lo tengo mal/faltal, lo tengo libre**, etc.

Es interesante llamar la atención de sus alumnos sobre la necesidad -para no herir al interlocutor - de explicar por qué no se acepta una invitación. Por ello, conviene enfatizar la rentabilidad de recursos como: **no puedo, es que…** o **lo siento, es que…** puesto que poseen un alto potencial comunicativo.

 1

Observar recursos lingüísticos que se utilizan para invitar y ser invitado.

 FICHA PROYECTABLE 4

 CE 14, 15, 16

√ **Competencia léxica**

√ **Competencias pragmáticas**

Remita a sus alumnos a este apartado de la *Agenda de aprendizaje* o proyecte la ficha 4. En ambos, el esquema recoge los principales actos de habla que se llevan a cabo cuando se desea invitar a alguien o se es invitado a una reunión, fiesta o cualquier otro tipo de celebración social. Esta sección de la *Agenda de aprendizaje*, titulada *Construir la conversación*, es una novedad en este nivel de BITÁCORA. Se trata de esquemas mediante los cuales se pretende aportar una visión global de los actos de habla que tienen lugar en un acto de interacción más complejo. Así, dentro de **invitar y ser invitado** se incluyen acciones como interesarse por los planes del interlocutor, interesarse por el evento, aceptar, concretar fecha y hora, etc. Para cada una se incluyen algunos exponentes funcionales que se consideran de alta rentabilidad comunicativa y acordes al nivel con el que se está trabajando.

2

Observar el uso de **me viene bien**/mal.

√ **Competencia gramatical**

√ **Competencias pragmáticas (funcional)**

√ **Competencia léxica**

En el apartado anterior de la *Agenda de aprendizaje*, entre los exponentes funcionales propuestos para preguntar por la posibilidad de asistir aparece la pregunta: **¿Qué tal te viene?** Explique a sus alumnos que es lo mismo que: **¿Cómo lo tienes?**, pero en este caso la respuesta suele ser **me viene bien/mal/fatal**, etc.
Remítalos a la *Agenda de aprendizaje* y muéstreles el paradigma de conjugación para todas las personas del verbo. Luego, si considera que es conveniente que practiquen esta colocación, anime a sus alumnos a dividirse en grupos de cinco personas y a proceder de la siguiente manera: un alumno hace una propuesta al alumno que está a su derecha. Este debe aceptar o rechazar. Si acepta, concretan los planes. Si rechaza, explica por qué. En ese caso, el alumno que ha hecho la propuesta debe preguntar a otro hasta que consiga a uno que acepta. A continuación, ese mismo alumno hace otra propuesta al que está a su derecha, y así sucesivamente hasta que todos los alumnos hayan hecho una propuesta a sus compañeros y reaccionado ante la de otro.

11

Uso de la estructura **querer** + infinitivo y **querer que** + subjuntivo.

 FICHA PROYECTABLE 5

 CE 21

√ **Competencia gramatical**

√ **Observación y reflexión sobre el funcionamiento del sistema formal**

Continúe con sus alumnos la lectura detallada del texto de las transcripciones y pase ahora al de la viñeta titulada **Otra amiga, 23 h**. En ella, Bea acaba de aceptar la invitación a comer de Esther y ofrece su ayuda. En concreto, pregunta: **¿Quieres que haga una tarta de chocolate?**, **¿a qué hora quieres que vayamos?** y **¿no quieres que vayamos un poco antes?**
Subraye las secuencias **quieres que haga**, **quieres que vayamos** y **no quieres que vayamos**, y pregúnteles si saben en qué forma está el verbo que aparece después de la conjunción. Como ya han observado algunos usos del modo subjuntivo en la unidad 2, lo más probable es que lo reconozcan inmediatamente. Recuérdeles que en esa unidad vieron la estructura:

es + adjetivo + infinitivo (**es importante jugar con los niños**) y **es** + adjetivo + **que** + subjuntivo (**es importante que los padres jueguen con sus hijos**).

Remítalos al apartado 11 de la *Agenda de aprendizaje* y llame su atención sobre la expresión **querer** + infinitivo y la expresión **querer que** + subjuntivo. La primera estructura se utiliza cuando el sujeto de la oración principal coincide con el de la oración subordinada, y la segunda cuando se trata de sujetos diferentes. Repase con ellos los ejemplos de la transcripción: **¿Quieres (Esther) que haga (Bea) una tarta de chocolate?** y **¿a qué hora quieres (Esther) que vayamos (Bea y su marido)?**
Si desea practicar esta fórmula, proyecte la ficha 5. En ella se ven ilustraciones de personas en una situación problemática. Se propone que los alumnos piensen en formas de ayudarlos y hagan ofertas concretas de ayuda. Por ejemplo, para la mujer que tiene dificultades con la cocina se propone: **¿Quieres que pida unas pizzas?**,

pero anime a sus alumnos a pensar en otras posibilidades. Haga lo mismo con el resto de imágenes, primero en parejas y luego en clase abierta. Corrija ahora los errores gramaticales, puesto que se trata de una actividad de atención a la forma.

Conocer diferentes formas de dirigirse a alguien.

√ **Competencia sociocultural**

√ **Competencia plurilingüe**

√ **Competencias pragmáticas**

A continuación remita a sus alumnos a la transcripción de la viñeta titulada **14h. Llegan los primeros** y pregúnteles cómo se dirigen las personas las unas a las otras. Se trata de que detecten el apelativo **cariño**, que utiliza Bea en este caso para hablar con el hijo de Esther. Puede explicarles que se trata de un apelativo que utilizan parejas entre sí, pero que también se utiliza para referirse a otras personas a las que se tiene afecto. Pregúnteles si en su lengua se utiliza este tipo de apelativos y anímelos a explicar qué significan y quién los utiliza normalmente. A continuación, remítalos a la *Agenda de aprendizaje* y muéstreles otros apelativos que se utilizan en castellano, como **guapo** o **tío**. Es importante que explique que si bien **guapo** se utiliza en casos parecidos a los de **cariño**, **tío** pertenece a un registro más coloquial y puede tener un matiz de camaradería, pero no necesariamente de afecto. Por último, remítalos a los ejemplos de uso del nombre de pila y del apellido antecedido por las fórmulas de tratamiento **señor** o **señora**. Explíqueles que, si bien **Sr. / Sra.** + apellido es formal y requiere el uso de **usted**, cuando llamamos a alguien por su nombre de pila, el tratamiento utilizado puede variar entre **tú** y **usted**. Como la forma de dirigirse a otras personas varía mucho de una lengua a otra, será interesante que anime a los alumnos a conversar sobre ello y a tomar notas sobre el uso de algunos apelativos del castellano y los posibles equivalentes en su lengua.

Observar el uso de **tú** y **usted**.

CE 29, 30, 31

√ **Competencia sociocultural**

√ **Consciencia intercultural**

Es muy posible que al hablar de las formas de dirigirse a una persona haya surgido la disyuntiva sobre la elección entre **tú** y **usted**. Si no ha sido así, introduzca usted el tema escogiendo una de las situaciones que se plantean en el apartado 7 de la *Agenda de aprendizaje* y preguntando, por ejemplo: **En la universidad, ¿cómo os dirigís a los profesores: de "tú" o de "usted"? ¿Y ellos a vosotros?** Escuche sus respuestas y pregunte si todos están de acuerdo o hay diferencias en la relación. Coméntelo con ellos y explique cómo es en su país. A continuación, remítalos a la *Agenda de aprendizaje* y pídales que piensen individualmente en la forma que escogerían en cada caso, **tú** o **usted**, cómo creen que se dirigirían a ellos las personas de la imagen y cómo creen que lo harían en castellano. En la puesta en común, es posible que haya divergencias entre las respuestas de alumnos de una misma cultura, dependiendo de actitudes personales. Coméntelas con sus alumnos, así como los factores de los que depende la elección de la forma. Explíqueles que se trata de un tema sutil que permite variaciones dentro de unas normas generales.

Observar la formación y el uso de los diminutivos.

√ **Competencia léxica**

√ **Competencia gramatical**

√ **Competencias pragmáticas**

Remita a sus alumnos a la viñeta **Los últimos preparativos** y llame su atención sobre la frase **Te he traído un vinito del Bierzo que no está nada mal**. Señale la palabra **vinito** y pregúnteles por qué creen que Emilio dice **vinito** en lugar de **vino**. Acepte todas las respuestas que sean plausibles y ayúdelos a entender que se trata de un uso pragmático del diminutivo que no tiene que ver con el tamaño físico del objeto al que se refiere. En este caso aporta un matiz de cortesía porque el hablante resta valor a dicho obsequio e intenta mantener de esta manera una actitud de modestia.

Remítalos a la *Agenda de aprendizaje* y muéstreles los ejemplos que aparecen allí: **paellita**, **vinito**, **pastelito**. Explíqueles que el sufijo más común en la formación del diminutivo es **-ito**, pero que existen (además de las variantes regionales **-ino** en Asturias y Extremadura, **-ico** en Aragón, **-iño** en Galicia, **-illo** en Andalucía, etc.), formas específicas para algunos sustantivos, como **bomboncito, solecito, cafecito, cochecito** (en lugar de *bombonito, *solito, *cafito y *cochito).

4

Conocer recursos para hacer elogios.

√ **Competencias pragmáticas (funcional)**

√ **Competencia léxica**

En las viñetas **La paella** y **En la mesa** los invitados elogian la comida. Pregunte a sus alumnos con qué recursos lo hacen y anímelos a encontrar por ellos mismos los exponentes: **¡Qué bien huele!, esta paella te ha quedado muy buena, ¡Está riquísima!** y **¡Está deliciosa!** Hágales ver que todas ellas son formas de elogiar la paella, pero que van aumentando en intensidad. Remítalos a este apartado y muéstreles el uso del superlativo absoluto: **buena > buenísima, rica > riquísima**, etc.

A continuación, remítalos al apartado 9 de la *Agenda de aprendizaje* para estudiar el superlativo.

9

Observar la formación y el uso del superlativo.

√ **Competencia gramatical**

√ **Competencia léxica**

 FICHA PROYECTABLE 6

 CE 28

Remita a sus alumnos a la *Agenda de aprendizaje* y muéstreles la gradación del adjetivo: **malo > muy malo > malísimo**.

Explíqueles que el superlativo se forma añadiendo el sufijo **-ísimo/-ísima/-ísimos/-ísimas** a la raíz del adjetivo o del adverbio en cuestión. Llame su atención sobre el cambio consonántico que se produce en adjetivos como **rico** (**riquísimo**) o adverbios como **cerca** (**cerquísima**). Para dar a sus alumnos la posibilidad de utilizar el superlativo de forma personalizadd y significativa puede proyectar la ficha 6. En ella aparecen varias propuestas que sirven como disparador para una actividad de interacción en la que se anima a los alumnos a pensar en las cosas que les sugieren aquellas y hablar sobre ello con otros compañeros. Anímelos a pensar primero individualmente y luego a ponerlo en común con otros dos compañeros, en grupos de tres.

E

Conversar sobre cómo se celebran las fiestas en la propia cultura.

√ **Interacción oral**

√ **Consciencia intercultural**

√ **Competencia sociocultural**

 CE 6, 7

Ahora que sus alumnos han observado algunos patrones culturales de comportamiento, han comparado costumbres propias y ajenas y han estudiado algunos factores que influyen en los hábitos sociales, proponemos que reflexionen en detalle sobre el funcionamiento de una reunión social en su propia cultura.

Pida a sus alumnos que formen grupos de tres o cuatro personas, preferentemente de la misma cultura. Explíqueles la dinámica de la actividad y dígales que las preguntas que aparecen se centran en algunos de los aspectos sobre los que pueden conversar. Pueden añadir otras preguntas si arrojan luz sobre un elemento interesante de las celebraciones sociales de su cultura. Para que la actividad funcione, pídales que se pongan de acuerdo en la fiesta que van a describir, de forma que el contexto esté claro: el cumpleaños de la madre de su pareja, una reunión familiar, la Nochebuena, el cumpleaños de un amigo, etc.

Luego remítalos a los andamiajes que aparecen señalados para explicar las costumbres de cada país, lo que es normal, lo que es extraño, lo que suele hacerse o no, etc. Si lo estima conveniente, puede remitir a los alumnos ahora al apartado 10 de la *Agenda de aprendizaje*.

Déjeles unos minutos para pensar en ello y pida luego a un portavoz de cada grupo que hable de su fiesta. Deberá explicar de qué fiesta se trata y cuáles son las normas sociales que se cumplen en ella. Mientras lo hace, anime al resto a tomar notas de todo aquello que les resulte interesante, chocante, llamativo, sorprendente, etc. Al final de cada exposición se abrirá un turno de preguntas.

las unidades previas, entre **es/me parece normal/raro** + infinitivo y **es normal/raro** + **que** + subjuntivo. Como vieron en la unidad 2, la primera se utiliza cuando está claro quién es el sujeto (o se refiere a todo el mundo) y la segunda cuando es necesario marcar quién es el sujeto. Si trabaja con material proyectable puede mostrar la ficha 7. En ella se propone una actividad de práctica de esta estructura en la que el tema son los jóvenes en el país de los alumnos. Pregunte en clase abierta: **¿Cómo son los jóvenes en vuestro país? ¿Es normal que sean rebeldes?** y anímelos a intercambiar sus puntos de vista y a pensar en otras características definitorias. Pídales que trabajen en pequeños grupos y que formulen al menos cinco ejemplos sobre la juventud en su país.

Haga una puesta en común y anime a cada grupo a decir sus ejemplos en alto. El resto puede decir si coincide o no su visión de la juventud. Al final, haga usted un resumen de las opiniones mayoritarias y escríbalas en la pizarra.

Hacer un concurso de interpretación de una fiesta.

 CE 8

√ **Interacción oral**

√ **Componente lúdico**

√ **Consciencia intercultural**

Llegamos a la última tarea de esta sección, que consiste en hacer un concurso de interpretación de una fiesta.

Invite a sus alumnos a formar grupos de unas cinco personas y a imaginar el contexto de la fiesta que van a celebrar. Cada uno va a representar a un personaje que puede escoger y caracterizar libremente. Puede ser del origen que cada uno escoja, tanto de su país como de otros.

Luego pídales que piensen en uno o varios momentos de la fiesta y en las reglas que los invitados deben cumplir. Pueden también decidir si todos los invitados conocen las reglas o hay lugar para que se den choques culturales. Una vez que hayan decidido qué momentos se van a representar, pídales que escriban el guión y que lo ensayen en grupos. Para la escenificación de las escenas hay dos posibilidades: bien cada grupo escenifica la suya delante del resto de la

---

 10

Observar la estructura **es/me parece normal/raro...**+ infinitivo/ subjuntivo.

FICHA PROYECTABLE 7

 CE 22, 23, 24, 25, 26, 27

√ **Competencia gramatical**

√ **Observación y reflexión sobre el funcionamiento del sistema formal**

Uno de los ejemplos que aparece en el andamiaje de la actividad E dice **Me parece curioso/raro que enseñen toda la casa**. Señálelo, remita a sus alumnos a la *Agenda de aprendizaje* y hágales ver el contraste, ya conocido de

clase, bien cada grupo graba su escena en vídeo y la cuelga en internet o la proyecta en el ordenador para que los demás puedan verla y evaluarla. En el segundo caso hará falta que los alumnos trabajen fuera del aula y poder ver los vídeos al día siguiente.

Mientras están representando la escena, el resto de alumnos podrá evaluarla con la parrilla de evaluación que aparece en la ficha fotocopiable 3. Al final, organice una votación final para decidir qué grupo es el ganador.

G

Escuchar intervenciones de hispanohablantes y analizar cómo se reaccionaría.

 31-35

 TRANSCRIPCIÓN

 FICHA PROYECTABLE 8

 CE 31, 35

√ **Comprensión auditiva**

√ **Expresión oral**

√ **Consciencia intercultural**

Por último, se propone una actividad que combina la comprensión auditiva con la consciencia intercultural. Explique a sus alumnos que van a escuchar varios enunciados correspondientes a una interacción social ritualizada. La actividad tiene tres fases: en primer lugar deben intentar comprender qué dicen las personas y escribirlo. Para esta primera fase puede resultar útil trabajar con la ficha proyectable 8, puesto que las imágenes dan pistas acerca del contenido de las frases. Si lo estima conveniente, puede proyectarla antes de reproducir el audio. En segundo lugar, puede preguntarles cómo se reaccionaría en una situación así en su cultura, y por último, invitar a sus alumnos a pensar en cómo creen ellos que reaccionaría un hispanohablante. Anímelos a grabar las reacciones y a analizarlas entre todos.

En este punto podría ser conveniente fomentar una

reflexión acerca de lo que significa aprender una lengua. Los alumnos deben conocer no solo el código lingüístico sino también pragmático, de uso, de la lengua meta. Ciertas normas pragmáticas no coinciden con las de la propia cultura, y cada hablante debe decidir hasta qué punto puede y quiere adoptar las nuevas. No hacerlo puede producir malentendidos y ser interpretado como descortesía, mientras que hacerlo puede provocar un choque con el sistema de reglas propio. El grado de adaptación dependerá por tanto no solo de la norma en cuestión, sino también de factores subjetivos como la personalidad de cada hablante. Ser consciente de ello es parte del proceso de aprendizaje de una lengua extranjera.

Solución

1. Oye, mira, que el viernes hacemos una cenita en casa con unos amigos que han venido de Chile. ¿Te apetece venir?

2. Mira, te he traído unos pastelitos típicos de mi ciudad. A ver si te gustan.

3. ¡Uau, qué casa más bonita! Me encanta.

4. Mmm… ¡Qué rico! ¿Lo has hecho tú? ¡Está delicioso!

5. Come un poquito más, ¿no? Si es que no comes nada…

02
EL PODER DE LA PUBLICIDAD

√ **Interacción oral**

√ **Activación de conocimiento del mundo**

√ **Consciencia intercultural**

Conversar sobre los choques culturales.

En la primera sección de la unidad se ha tratado el encuentro entre culturas a partir de un caso concreto: una invitación a una fiesta o celebración entre amigos. En esta segunda parte se aborda el mismo tema pero desde una perspectiva más global, sociológica, y centrado en los choques culturales. Es posible que en las actividades de la sección 01 los alumnos se hayan referido a malentendidos o choques culturales que han experimentado, o al extrañamiento que siente Erika en el cómic en varias ocasiones. Pregúnteles ahora en qué aspectos de los que aparecen en la actividad 1 creen que se da la mayor parte de malentendidos culturales y por qué. Léalos con ellos y déjeles unos minutos para discutir en grupos de tres personas. Si sus alumnos lo necesitan, póngales ejemplos posibles de malentendidos para cada aspecto. Por ejemplo, con respecto al contacto físico, hay culturas en las que la gente se toca mucho, se besa y abraza, y otras en las que esto no se considera adecuado excepto en entornos íntimos.

Luego haga una puesta en común y anime a sus alumnos a compartir con el resto las experiencias de malentendidos culturales que hayan podido tener en su vida. Anote en la pizarra las ideas clave y señalen entre todos cuáles son los aspectos que parecen dar lugar a mayor cantidad de malentendidos entre personas de distintas culturas.

√ **Comprensión de lectura**

√ **Interacción oral**

√ **Consciencia intercultural**

Leer un texto sobre choques culturales y comentar si se ha experimentado algo parecido alguna vez.

 FICHAS PROYECTABLES 9, 10

 CE 9, 10, 11

Lea el título del texto, *El iceberg de la cultura*, y pregunte a sus alumnos qué creen que tiene que ver un iceberg con la cultura. Anímelos a pensar sobre esta metáfora. A continuación muestre la ficha proyectable 9 o escriba la palabra **silencio** en la pizarra. Pregúnteles qué les sugiere la palabra silencio: ¿Es algo agradable? ¿Es desagradable? ¿Es difícil estar en silencio? ¿Es importante? ¿En qué casos es normal? ¿En qué situaciones están a gusto en silencio? ¿Y a disgusto?, etc.

Luego explíqueles que en el texto se explica esta relación y las diferencias culturales con respecto al silencio. Pídales que lo lean y subrayen las ideas más importantes, no solo con respecto a estos dos temas, sino al texto en general. Después coméntelo con ellos.

Remítalos entonces a los testimonios de la página 59 y dígales que se trata de testimonios de extranjeros que llevan un tiempo en España. Invítelos a leerlos y a marcar, por un lado, aquellos con los que se sienten identificados, bien porque hayan tenido una experiencia similar, bien porque sienten que les molestaría lo mismo; por otro lado, aquellos que hablan de costumbres que les gustan o les gustaría vivir. Anímelos a poner sus respuestas en común en grupos pequeños antes de hacerlo en clase abierta.

Por último, haga la puesta en común y proyecte la ficha 10 o escriba en la pizarra las siguientes frases. Intente que todo el grupo se ponga de acuerdo en una forma de continuarlas.

Una cosa que nos molesta es...
Algo que nos sorprende un poco es...
Nos gusta mucho...
Una costumbre muy diferente es...
Una cosa que nos costaría/cuesta/costó/ha costado aprender es...

C

  CE 12

Emitir un juicio de valor sobre algunas costumbres culturales.

√ **Comprensión de lectura**

√ **Interacción oral**

√ **Consciencia intercultural**

En esta actividad se retoman algunas de las costumbres vistas en 01, se amplían con otras y se propone al alumno que las valore de forma intuitiva.

Recuerde a sus alumnos que en una de las viñetas se veía a una amiga cogiendo una cerveza de la nevera. Retome los comentarios que se hicieran al respecto y, si no los recuerdan, pregunte si eso es normal en su país y en qué circunstancias se podría hacer. Anime a uno o dos alumnos a contestar. Luego explique usted que en España se puede hacer, pero solo si hay confianza, y que en una relación muy formal es mejor no hacerlo. Si lo prefiere, puede aportar más información, pero procure utilizar algunos de los recursos que se ofrecen en el andamiaje.

A continuación, remita a sus alumnos a dichos recursos y léalos con ellos. Explíqueles que **queda fatal** significa que causa muy mala impresión. A continuación, invítelos a discutir sobre las situaciones que aparecen en la actividad en grupos de cuatro personas. Pasee por los grupos, participe en las conversaciones y, si lo estima conveniente, dé su propia opinión sobre algunas costumbres.

Por último, tenga en cuenta que una puesta en común puede llevar mucho tiempo. Por tanto, decida si la hace o prefiere preguntar a un portavoz de cada grupo por las conclusiones más interesantes de su equipo.

D

   FICHA FOTOCOPIABLE 4

Buscar en internet una imagen representativa de las relaciones personales en un país hispanohablante y analizar si reproduce un estereotipo.

√ **Expresión oral**

√ **Competencia sociocultural**

√ **Consciencia intercultural**

Explique a sus alumnos la dinámica de la actividad: en pequeños grupos, deben buscar en la red una imagen representativa de un país hispanohablante y que esté relacionada con las relaciones sociales. Puede sugerirles algunos términos de búsqueda, como **asado con amigos**, **Navidad en familia**, **boda**, etc. Luego, anime a cada grupo a intentar interpretar lo que ven, a convertirse, como si dijéramos, en traductores culturales y a presentar su interpretación ante el resto de la clase. Pueden hacer hipótesis sobre lo que parece normal en esas situaciones en la cultura en cuestión y explicar en qué basan sus suposiciones. Pueden utilizar para ello la ficha fotocopiable 4.

El resto de la clase debe juzgar si la fotografía representa una visión estereotipada de la cultura en cuestión y por qué. Fomente una discusión sobre este tema.

E

Hacer una lista de normas culturales que un extranjero debe tener en cuenta para viajar al país de cada uno.

√ **Expresión escrita**

√ **Interacción oral**

√ **Consciencia intercultural**

 FICHA PROYECTABLE 11

 FICHA FOTOCOPIABLE 5

 CE 13

Explique a sus alumnos que, en grupos, van a hacer una lista de costumbres o rituales de cortesía que un extranjero debería conocer cuando va de visita a su país.
Entrégueles la ficha fotocopiable 5 y dígales que esos son algunos de los temas que han aparecido a lo largo de la unidad y sobre los que pueden reflexionar. Anímelos a negociar entre ellos las normas más importantes y explíqueles que deberán formularlas utilizando los recursos que han aparecido a lo largo de la unidad. Puede mostrar la ficha proyectable 11 para la puesta en común.
Al final, si las listas son útiles y variadas, puede sugerirles que hagan una pequeña guía que se reparta entre todos los compañeros de la clase.

Página de entrada

√ **Competencia léxica**

√ **Consciencia intercultural**

√ **Interacción oral**

Realizar entre todos una nueva imagen con el vocabulario más importante de la unidad.

 FICHA PROYECTABLE 12

 35, 36

Vuelva a la página de entrada y remita a sus alumnos al título de la unidad: **¿Iguales, parecidos o diferentes?**
Pídales que, en dos minutos y de forma individual, piensen en una conclusión de esta unidad que sirva como respuesta a esa pregunta. Si lo prefiere, puede pedirles que piensen en un título alternativo para la unidad. En ambos casos deben utilizar al menos dos palabras que aparezcan en la imagen.
Al final, anímelos a poner en común lo que han escrito en grupos de cinco o seis compañeros, y luego entre ellos a escoger la propuesta que más les gusta. Pida a cada grupo que diga qué frase o título les ha gustado más y por qué y anime al resto de alumnos a opinar sobre ella y comentarla.
Por último, si trabaja con material proyectable, muestre la ficha 12 y rellenen la imagen de la unidad con el vocabulario más importante consensuado por todo el grup.

LA HISTORIA Y LAS HISTORIAS

Mapa de la unidad

PÁGINA DE ENTRADA

CUADERNO DE EJERCICIOS: **1, 2, 3, MIS APUNTES**

VÍDEO

FICHAS PROYECTABLES: **1, 2, 3, 12**

FICHAS FOTOCOPIABLES: **1**

01 LOS NIÑOS DE LA GUERRA

CUADERNO DE EJERCICIOS: **4, 5, 6, 7, 8, 9, 10, 11, 12, 13, 14, 15, 16**

FICHAS PROYECTABLES: **4**

FICHAS FOTOCOPIABLES: **2, 3, 4**

02 LA CONTRA DE LA VANGUARDIA

CUADERNO DE EJERCICIOS: **17, 18, 19, 20, 21, 22, 23**

FICHAS PROYECTABLES: **7, 8**

FICHAS FOTOCOPIABLES: **5**

AGENDA DE APRENDIZAJE

CUADERNO DE EJERCICIOS: **24, 25, 26, 27, 28, 29, 30, 31, 32, 33, 34, 35, 36, 37, 38, 39, 40, 41, 42, 43**

FICHAS PROYECTABLES: **5, 6, 9, 10, 11**

FICHAS FOTOCOPIABLES: **6, 7**

Página de entrada

√ **Activación de conocimiento del mundo**

√ **Competencia léxica**

√ **Competencia existencial**

Introducir el tema de la unidad a través del título y de las palabras de la página de entrada.

 FICHA PROYECTABLE 1

 CE 1, 2, 3

Remita a sus alumnos a la página de entrada y pregúnteles qué representa la imagen (se trata de un camino o un sendero). Luego remítalos al título de la unidad y pregúnteles a qué creen que se refieren los términos **Historia** e **historias**. Se trata, por un lado, de la Historia como disciplina que se ocupa de la sucesión de acontecimientos políticos, económicos, sociales y culturales, y por otro de relatos o narraciones de carácter personal o anecdótico.

Anímelos a especular sobre la relación entre la imagen y el título. El vínculo se basa en que tanto la sucesión de hechos o acontecimientos históricos como la de los hechos en la vida de una persona se consideran a menudo como un camino que se recorre. Si lo estima conveniente, puede hablarles en este momento de los famosos versos del poeta Antonio Machado:

**Caminante, son tus huellas
el camino y nada más;
Caminante, no hay camino,
se hace camino al andar.**

Vídeo

√ **Competencia audiovisual**

√ **Competencia sociocultural**

√ **Competencia existencial**

Ver una parte de un vídeo sobre dos niños de la guerra y comprender algunos datos.

 FICHAS PROYECTABLES 2, 3

 FICHA FOTOCOPIABLE 1

Explique a sus alumnos que van a ver un vídeo en el que hablan dos **niños de la guerra**. Si trabaja con proyectables, muestre la ficha 2 y pregúnteles, a partir de los dibujos y el vocabulario del recuadro amarillo, a qué puede referirse esta denominación. Ayúdelos a llegar a la conclusión de que es el nombre que se dio a los niños del bando republicano que tuvieron que salir de España durante la Guerra Civil. Explíqueles que van a ver un vídeo en el que hablan dos antiguos niños de la guerra: Berta y Enrique. Si puede, proyecte la ficha 3 y muéstreles la ruta que siguieron: Berta salió de Asturias y fue a La Unión Soviética (actualmente Rusia) y Enrique salió de El País Vasco y fue a Bélgica. Si no trabaja con el material proyectable, reproduzca el vídeo, deténgalo en el texto introductorio y coméntelo con ellos. El vídeo está dividido en tres partes que corresponden a tres fases del viaje: la evacuación, la llegada y la vida allí. Como se trata de un vídeo de más de 8 minutos de duración, le proponemos que trabaje ahora solo con la primera parte. Explique a sus alumnos que van a escuchar a Berta y a Enrique hablando de **la evacuación**, y que al final de la unidad verán las otras dos partes: **la llegada** y **la vida allí**. Para preparar la comprensión, entregue la ficha fotocopiable 1 e invítelos a pensar sobre las preguntas que aparecen en ella. Anime a sus alumnos a comentar sus suposiciones y luego reproduzca el vídeo para que puedan comprobar si sus hipótesis eran correctas. Con esta actividad preparatoria se cubre gran parte del contenido de la primera parte del vídeo, por lo que si trabajan en profundidad con estas preguntas es posible que puedan comprender el vídeo sin excesiva dificultad. Por ello, aconsejamos ponerlo primero sin subtítulos. Si nota, sin embargo, que el grado de dificultad sigue siendo elevado, puede activar los subtítulos al reproducirlo por segunda vez.

Además, si lo estima conveniente, puede aclarar de antemano algunas palabras que tal vez sean desconocidas para sus alumnos, como: **frente** (de guerra), **finca** y **explotación** (laboral). Después del visionado haga una puesta en común y pregúnteles si les ha parecido interesante. Explíqueles que la primera parte de esta unidad trata sobre este tema.

Solución ficha fotocopiable 1
LA EVACUACIÓN
1. De Asturias, El País Vasco y Cantabria.
2. En barco y en tren.
3. Porque en ambos casos, sus padres pensaron que era un buen lugar para sus hijos. La madre de Enrique pensaba que Bélgica era mejor. El padre de Berta pensaba que en La Unión Soviética no había explotación, sus hijas podrían estudiar y vivirían bien.
4. No les explicaban nada.
5. Viajaban con sus hermanos. Enrique viajaba con un hermano y una hermana y Berta con su hermana.
6. No.
7. Tristes (dice Enrique que su madre lloraba al despedirse).
8. Dice Berta que por un lado tristes, pero por otro contentos de viajar a La Unión Soviética. Era como una aventura.

LA LLEGADA

	Berta	Enrique
Les dieron ropa de invierno.	X	
La gente iba a verlos y decían: "Este quiero".		X
Los metieron en una colonia preciosa.		X
La acogida fue extraordinaria.	X	
Lo primero que hicieron fue llevarlos al baño.	X	

LA VIDA ALLÍ
1. Enrique
a. La comida: comían de maravilla y de todo. Comían chocolate y muchas sopas.
b. Las familias que los acogieron a él y a sus hermanos: el hombre que lo acogió era maquinista, jefe del Partido Socialista, el de su hermano era cartero y el de su hermana era un ricachón. Los dos primeros eran de izquierdas. El tercero de derechas.
2. Berta
a. Las casas de niños (dónde estaba la suya): a las afueras de Moscú.
b. Los estudios (quiénes daban clases, en qué idioma, qué asignaturas menciona): con ellos evacuaron maestros y educadores españoles, que al principio les daban clase. Poco a poco fueron dando clase con maestros rusos, pero con traductor. Tenían ruso e historia, entre otras asignaturas.
c. La información que recibían sobre la guerra y la familia: recibían poca información. No sabían nada de sus familias. Les informaban los maestros, con cuidado para no alarmarlos.

01
LOS NIÑOS DE LA GUERRA

Activar conocimientos sobre la Guerra Civil española.

 FICHA FOTOCOPIABLE 2

√ **Activación de conocimiento del mundo**

√ **Interacción oral**

√ **Competencia sociocultural**

En el vídeo, Berta ha hablado de la Guerra Civil española. Si no lo ha hecho aún, pregunte a sus alumnos qué saben acerca de este acontecimiento y anímelos a poner en común sus conocimientos. Para organizar la actividad, puede entregarles la ficha fotocopiable 2.
Si lo estima conveniente, puede preguntarles si su país tuvo algún papel en la Guerra Civil española, puesto que ambos bandos recibieron ayuda de varios países.

B

Comprender un texto breve sobre los niños de la guerra y hablar del exilio en la historia.

 CE 4, 5

√ **Comprensión de lectura**

√ **Competencia sociocultural**

√ **Interacción oral**

Si ha trabajado con el material proyectable y el vídeo, sus alumnos ya están familiarizados con el fenómeno de **los niños de la guerra**. Explíqueles que el texto que van a leer a continuación retoma este tema. En este momento puede invitarlos a hacer el ejercicio 4 del Cuaderno de ejercicios. Después, anímelos a leer el texto de la página 66 para ampliar la información acerca de la cantidad de niños que salió, los países que los acogieron y lo que les sucedió después. Comente con ellos esta información y anímelos a ponerla en relación con los testimonios de Enrique y Berta. Luego pídales que vuelvan a leer el texto y sugiérales que intenten resumir en una sola frase quiénes fueron los niños de la guerra. Ponga después en común sus propuestas y escojan entre todos las más acertadas.

A continuación, pregúnteles si conocen otros momentos de la historia en los que ha habido emigración forzosa por motivos políticos, religiosos, étnicos o de otro tipo y anímelos a hacer una lluvia de ideas en grupos de cuatro o cinco personas. Remítalos a los andamiajes de la actividad y anímelos a utilizarlos durante la interacción. Termine con una puesta en común en clase abierta.

C

Leer y escuchar un relato y comprenderlo de forma global.

 36

 TRANSCRIPCIÓN

 FICHA PROYECTABLE 4

 FICHA FOTOCOPIABLE 3

 CE 6, 7, 8, 9

√ **Comprensión de lectura**

√ **Comprensión auditiva**

√ **Competencia léxica**

Remita a sus alumnos al relato *La trama del tiempo*, de Eduardo Galeano, que aparece en la página 67. Explíqueles que se trata de un relato relacionado con este tema y pregúnteles qué creen que significa el título. Para guiar sus hipótesis, llame su atención sobre la definición y las diferentes acepciones de la palabra **trama** incluidas en la actividad. Léalas con ellos y pregúnteles cuál (o cuáles) de ellas creen que está relacionada con el cuento. Acepte todas las respuestas plausibles y discuta con ellos por qué lo son. Si trabaja con material proyectable, puede utilizar la ficha 4. En ella aparecen fotografías de varios de los objetos, personas o lugares clave del texto. Pregúnteles si saben cómo se llama cada uno de ellos o a qué puede hacer referencia. Se trata de **una casa en ruinas**, **una cocina**, **galletas**, **dos mujeres mayores**, **una fuente de porcelana** y **Bilbao**. Una vez que el vocabulario esté claro, explíqueles que van a escuchar un relato (con el libro cerrado) sobre una **niña de la guerra** muchos años después del fin del conflicto armado. Anímelos a intentar localizar en el relato los objetos, lugares o personas de la ficha y a comprender por qué son importantes. Cuando termine la grabación, anímelos a poner en común sus respuestas con otro compañero. Si les ha resultado muy difícil, anímelos a buscar la solución en el texto escrito (página 67) y haga luego una puesta en común.

Si no trabaja con material proyectable, remítalos directamente al texto, invítelos a leerlo mientras lo escuchan y a pensar después con cuál de las acepciones de **trama** creen ahora que está relacionado el título. Es posible que muchos lo relacionen con la primera acepción, si ven el tiempo como un tapiz en el que están imbricados los acontecimientos personales e históricos; otros pueden considerar que está relacionado con la segunda acepción, si consideran que el tiempo es algo que no perdona, como dice la sabiduría popular, es decir, que el tiempo juega buenas y malas pasadas; quienes lo relacionen con la tercera acepción pueden hacerlo desde el punto de vista literario: el argumento del relato, relacionado con el tiempo; y por último, incluso puede que algunos lo relacionen con la última acepción, al considerar que el tiempo puebla la vida con la frondosidad de muchas plantas, o que algunos elementos del cuento como su protagonista o la fuente de porcelana resisten el paso del tiempo como un olivo, etc. No hay, por lo tanto, una sola respuesta correcta. Se trata de una actividad en la que prima el pensamiento metafórico, el intercambio de asociaciones personales y la justificación de cada una de ellas.

Por último, si desea trabajar en detalle con el texto escrito, puede repartir la ficha fotocopiable 3. Pida a sus alumnos que lean de nuevo el relato. En este caso proponemos una actividad en la que se rastrea el texto escrito en busca de una información concreta y en la que se ponen en marcha, por lo tanto, estrategias diferentes a las de la actividad propuesta en el Libro del alumno, de carácter global y en la que prima el pensamiento asociativo. En este caso, de manera análoga al trabajo que proponía la ficha proyectable para el texto oral, se entrena la capacidad de los alumnos para encontrar una información determinada en el texto escrito, necesaria para resolver una tarea. Anímelos a trabajar de forma individual y termine con una puesta en común en clase abierta.

Solución ficha 3

a. Felisa.

b. 5 años.

c. Bilbao.

d. Una fuente de porcelana blanca con dibujos azules.

e. Elena.

f. Cincuenta y ocho años.

Transformar el lenguaje metafórico del texto en lenguaje cotidiano.

 CE 10, 11, 12

√ **Competencia léxica**

√ **Comprensión de lectura**

Pregunte a sus alumnos si les ha gustado el relato de Eduardo Galeano y coméntelo con ellos. Luego explíqueles que, al tratarse de un texto literario, se emplean en él algunas metáforas propias de este tipo de texto, y que van a trabajar sobre ellas intentando traducirlas o buscar su equivalente en un registro más cotidiano. Escriba en la pizarra o remita a sus alumnos a las imágenes que se destacan en la actividad. Pídales que las localicen en el texto. Cuando lo hayan hecho, invítelos a formar parejas y discutir entre sí qué significan las imágenes y cómo podría expresarse esa idea de otra manera. **Ya había vivido mucha vida** se refiere al hecho de que habían pasado muchos años y Felisa ya era una mujer mayor, que había vivido mucho. **Encogido por los años** hace referencia a la diferencia que se da entre cómo percibía las cosas Felisa cuando era una niña, cuando todo le parecía más grande, y cómo las percibe en el momento en el que regresa a su casa, cuando todo recupera su dimensión real. **Los golpes de tambor que le sacudían el pecho** se refiere a los fuertes latidos de su corazón, por el estado de nerviosismo y expectación en el que se encuentra. **Alguien apareció desde el fondo del tiempo** alude al hecho de que la persona que se acercó, Elena, pertenece a una etapa pasada de su vida, que tiene quizás en gran parte olvidada, y que le trae a la memoria un tiempo pasado. Por último, **se gastaron abrazándose** es una forma de decir que se abrazaron intensamente, durante mucho tiempo. Haga a continuación una puesta en común en clase abierta. Tenga en cuenta que este tipo de actividades acerca a los alumnos al lenguaje metafórico, que es un componente fundamental del lenguaje (no solo del literario). Entrenarlos en la interpretación de la metáfora es una estrategia que repercute favorablemente en la comprensión de textos de todo tipo. Pregunte a sus alumnos si estas metáforas funcionarían en su idioma y qué sensación produciría expresar así estas ideas. Puede llamar su atención sobre la cantidad de metáforas que pueblan el lenguaje y cómo estas pueden ser más o menos universales o permanecer ligadas a una cultura determinada.

E

A partir de los ejemplos que aparecen en el texto, intentar comprender para qué se usa el pluscuamperfecto.

√ **Competencia gramatical**

√ **Observación y reflexión sobre el funcionamiento del sistema formal**

Remita a sus alumnos de nuevo a la frase **Cuando llegó, había vivido mucha vida**. Subraye la forma verbal, **había vivido**, y pregúnteles qué hizo la protagonista primero: ¿vivir o llegar? Por el trabajo realizado hasta ahora serán capaces, probablemente, de entender que la acción de vivir antecede a la de llegar.

No explique nada más de momento, pero sugiera a sus alumnos que marquen en el texto todas las veces que aparece este tiempo verbal y que intenten comprender para qué se usa. Aparece en los siguientes casos:

**que no había olvidado
la casa que había sido su casa
había visto los aviones alemanes
su casa había sido aniquilada
esta (...) se había construido sobre las ruinas
mucho habían corrido juntas
Elena la había encontrado (...) y se la había guardado
durante cincuenta y ocho años**

Ayúdelos a entender que el pretérito pluscuamperfecto presenta una acción pasada como anterior a otra también pasada. Así, todo el relato está contado en pasado, pero aquellas cosas que sucedieron antes del viaje de Felisa, así como las que sucedieron en su barrio durante su ausencia, son previas a las que se narran sobre su llegada y el reencuentro con su pasado.

Agenda de aprendizaje

2

Observar el paradigma del pretérito pluscuamperfecto de indicativo.

√ **Competencia gramatical**

√ **Observación y reflexión sobre el funcionamiento del sistema formal**

Remita a sus alumnos a la *Agenda de aprendizaje* y muéstreles el paradigma del pretérito pluscuamperfecto de subjuntivo. Explíqueles que se forma con el imperfecto del verbo **haber** y el participio del verbo en cuestión. Explíqueles que utilizar este tiempo verbal permite al hablante no expresar los hechos de forma cronológica, lineal, sino hacer saltos en el tiempo, lo que aporta una mayor riqueza a la narración. Pregúnteles si en su lengua existe un tiempo verbal que tenga una función similar y comente con ellos sus respuestas.

F

Reconstruir cronológicamente los hechos del relato.

√ **Comprensión de lectura**

√ **Competencia gramatical**

 FICHA PROYECTABLE 4

 CE 13

Pidda a sus alumnos que vuelvan a leer el texto y explíqueles que de lo que se trata a continuación es de ordenar los hechos de forma cronológica, según el orden en el que acontecieron. Puede repartir la ficha fotocopiable 4, que se corresponde con la imagen del libro del alumno.

Propuesta de solución ficha 4

Antes de la guerra:

Felisa vivía con su madre en Bilbao.

Su madre le leía cuentos en la cocina (y cortó al lobo de un tijeretazo).

Su madre hacía galletitas de avellanas para todos y las ofrecía en la fuente.

Durante la guerra:

Los aviones alemanes bombardearon Guernica.

(Los aviones) aniquilaron su casa.

Después de la guerra:

Se construyó una casa sobre las ruinas.

Elena encontró la fuente intacta entre los escombros de su casa y la guardó durante cincuenta y ocho años.

Muchos años después:

Regresó a Bilbao.

Subió el Monte Artxanda y llegó a su casa.

Los vecinos le dijeron que esa no era su casa.

Apareció Elena y se abrazaron.

Le trajo una fuente de porcelana.

5

Conocer algunos marcadores para situar un hecho en el tiempo.

 CE 31, 32, 33

√ **Competencia léxica**

√ **Competencia gramatical**

Pregunte a sus alumnos en qué año o década creen que sucede la acción del relato. Si Felisa se marchó en el 36 y Elena guardó la fuente durante 58 años, el relato se sitúa aproximadamente en el año 1994. Acepte también que le digan que fue en los años 90, si no se han dado cuenta del detalle de los 58 años. Explique a sus alumnos que al narrar sucesos pasados utilizamos normalmente marcadores que nos ayudan a situar los hechos en el tiempo, como antes de la guerra, durante la guerra, muchos años después o en el año 1999.

Remítalos a la *Agenda de aprendizaje* y repase con ellos los marcadores temporales. Explíqueles que les

serán útiles para contar historias personales y relatar acontecimientos históricos.

Si lo estima necesario, señale que **al volver a su país** es lo mismo que **cuando volvió a su país**.

Dígales que van a necesitar estos marcadores para realizar la siguiente actividad, pero antes remítalos al apartado 6 de la *Agenda de aprendizaje*.

6

Conocer marcadores para relacionar dos momentos en el tiempo.

 CE 36, 35

√ **Competencia léxica**

√ **Expresión escrita**

√ **Interacción oral**

En este apartado se amplía el repertorio de marcadores temporales, esta vez con varios que relacionan dos momentos en el tiempo. Escriba en la pizarra:

Felisa salió de Bilbao en 1936 y regresó cincuenta y ocho años después.
Felisa regresó a Bilbao en 1994. Se había ido cincuenta y ocho años antes.

Subraye **cincuenta y ocho años después** y **cincuenta y ocho años antes** y explique a sus alumnos que con este marcador se unen dos momentos del pasado: el de la ida y el del regreso.

Puede dibujar un esquema en la pizarra como el que aparece en el apartado 6 de la *Agenda de aprendizaje*, cambiando los acontecimientos y las fechas, o remitir a sus alumnos a los ejemplos que aparecen en ella.

Cuando esté claro el uso de estos marcadores, repase con ellos las distintas posibilidades que aparecen al principio del apartado y propóngales que escriban tres o cuatro ejemplos referidos a sí mismos. Haga entonces una puesta en común, interésese por lo que han escrito sus alumnos y corrija los principales errores.

G

Reescribir la historia de una persona a partir de algunos datos biográficos.

CE 31, 32, 33

√ **Comprensión de lectura**

√ **Expresión escrita**

√ **Competencia gramatical**

Remita a sus alumnos a la actividad G y explíqueles que Ángel Gutiérrez es otro niño de la guerra. Igual que Berta, salió de Asturias en 1937, y el país que lo acogió fue La Unión Soviética. Si lo estima conveniente, especule con sus alumnos sobre el hecho de que podrían haberse conocido. Lea con ellos su biografía y pregúnteles si les parece interesante. Anímelos a comentar lo que les llame la atención o les parezca especialmente relevante.

Luego explique el objetivo de la actividad: deben escribir la biografía de Ángel a partir de los datos que aparecen en la ficha. Para ello deberán utilizar algunos de los marcadores temporales que han visto en la *Agenda de aprendizaje* o de los que aparecen aquí. Explíqueles que no tienen que escribir los hechos de forma lineal, sino que pueden utilizar formas de relacionarlos, como han visto en el relato de Galeano. Por ello, pídales que utilicen al menos dos veces el pretérito pluscuamperfecto. Antes de empezar, remítalos al apartado 1 de la *Agenda de aprendizaje*.

1

Observar un esquema sobre la narración en pasado.

FICHA PROYECTABLE 5

CE 24, 25, 26, 27

√ **Competencia gramatical**

√ **Observación y reflexión sobre el funcionamiento del sistema formal**

Este esquema, que también se presenta en la ficha proyectable 5, presenta dos líneas temporales para ilustrar la narración en pasado. Explique a sus alumnos que en la línea superior aparecen los hechos de forma

cronológica y se ilustra el uso del pretérito indefinido. En la línea inferior se presenta una narración no lineal gracias a la introducción del pluscuamperfecto, que permite hacer referencia a hechos anteriores a los que estamos mencionando. Por último, la frase que aparece en el recuadro rojo describe la situación de España en ese momento. Hágales ver que la difuminación de los tonos rojos al principio y al final de la línea indica que al expresar ese hecho con el imperfecto estamos describiendo las circunstancias que rodean o describen el contexto de la acción principal, pero el foco no está en el comienzo o el final de dichas circunstancias.

Una vez que esto ha quedado claro, sus alumnos están en disposición de hacer la actividad G.

3

Reflexionar sobre las semejanzas y diferencias entre los mecanismos para narrar en pasado en español y en la propia lengua.

√ **Competencia gramatical**

√ **Competencia plurilingüe**

√ **Observación y reflexión sobre el funcionamiento del sistema formal**

Este esquema presenta dos líneas temporales para ilustrar la narración en pasado. En la línea superior aparecen los hechos de forma cronológica y se ilustra el uso del pretérito indefinido.

El sistema verbal del castellano puede entrañar dificultad para algunos hablantes, y a menudo se tiende a buscar en la propia lengua un tiempo que equivalga completamente con el del tiempo verbal nuevo. Si bien en algunos casos el uso es muy similar, en otros es diferente y dicha equiparación puede derivar en errores gramaticales de mayor o menor gravedad desde el punto de vista de la comunicación. Además, la forma de conjugar los verbos o el auxiliar que acompaña al verbo principal en los tiempos compuestos puede variar. Nos referimos por ejemplo a la distinción que existe en algunas lenguas entre ciertos grupos de verbos que se conjugan con el equivalente del verbo **ser** y otros que para los que se utiliza **haber**. Esta distinción no existe en castellano, y conviene llamar la atención sobre ello ante hablantes de lenguas en las que sí existe. Por estos motivos, entre otros, y para fomentar la reflexión general sobre la propia lengua y la lengua meta se considera beneficioso realizar esta actividad de concienciación.

Remita a sus alumnos a la *Agenda de aprendizaje* y explíqueles el objetivo de esta actividad: reflexionar sobre los tiempos verbales del castellano y el equivalente en su lengua materna en los diferentes contextos que contemplan los ejemplos. Dígales que los usos que abarca un tiempo en una lengua pueden estar expresados por verbos diferentes en otra y viceversa.

Lea con ellos las frases y asegúrese de que las comprenden. Luego déjeles unos minutos para que traduzcan o adapten cada ejemplo a su lengua fijándose especialmente en el tiempo que se emplea. Pídales que se concentren en las diferencias y semejanzas que crean que van a poder ayudarlos a utilizar los tiempos correctamente. Cuando lleguen a **estaba estudiando Medicina**, puede sugerirles que dejen la traducción en blanco para volver a ella más tarde.

Después de la actividad, anímelos a poner en común aquellas cosas que les han llamado la atención: ¿Hay tiempos verbales en su lengua que no existen en castellano?, ¿se utilizan otros verbos auxiliares?, ¿hay diferencias en los tiempos con los que se expresa un hecho del pasado en la lengua escrita y los que se utilizan en la lengua oral?, etc.

Si desea que sus alumnos profundicen en la historia de España en el siglo XX y en la narración en pasado, puede proyectar la ficha 6. Explíqueles que en ella están reflejados algunos de los momentos clave de la historia del país durante el siglo pasado. Anímelos a comentar lo que sepan sobre ellos (seguramente la mayoría habrá oído hablar de Francisco Franco y de los indignados, por ejemplo, pero quizás otros momentos como la dictadura de Primo de Rivera sean más desconocidos).

Propóngales que trabajen de una de estas dos maneras:

a. En parejas o grupos de tres personas escogen uno de los siete temas representados en la ficha e investigan en internet para saber algo más sobre él. Luego se lo presentan a la clase.

b. En grupos algo mayores, de unas cuatro personas, investigan en internet para conocer los datos principales sobre estos siete momentos históricos y escriben un texto titulado: *La historia de España en el siglo XX.*

02
LA CONTRA DE LA VANGUARDIA

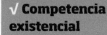
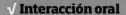
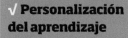

√ **Competencia existencial**

√ **Interacción oral**

√ **Personalización del aprendizaje**

 A

Hacer una lluvia de ideas sobre la felicidad.

Escriba en la pizarra **La felicidad es...** y pregunte a sus alumnos: **¿Qué es para vosotros la felicidad?** Si lo desea, puede proyectar la ficha 7.

Anímelos a pensar en ello de forma individual y a escribir todo aquello que les venga a la cabeza durante un minuto. Si no trabaja con el material proyectable, escriba los siguientes recursos en la pizarra: **Para mí, la felicidad es...**, **está relacionada con...**, **tiene que ver con...**

Luego haga una puesta en común en clase abierta, apunte lo que le vayan diciendo e invite al grupo a comentarlo.

 B

Leer un texto y expresar la opinión sobre lo que se cuenta en él.

 CE 22

√ **Interacción oral**

√ **Comprensión de lectura**

√ **Activación de conocimiento del mundo**

Pregunte a sus alumnos si leen el periódico, qué periódicos leen y qué partes o secciones les interesan especialmente. Converse con ellos sobre esto. Luego pregúnteles si les gusta leer entrevistas a personajes famosos de la vida política, de la cultura o de las artes. Explíqueles que en varios periódicos españoles la última página está dedicada a entrevistar a algún personaje de relevancia pública. Puede ser de cualquier ámbito de la vida. Si tiene la posibilidad, lleve a clase un ejemplar del diario *La vanguardia* y muéstreles **La contra**, la última página del diario con la entrevista. También puede mostrarles la página web y buscar allí

La contra del día, o remitirlos a la página 70 del libro del alumno. Explíqueles que siempre hay un titular que resume el contenido principal del mensaje del entrevistado y lea con ellos los que aparecen en el texto de la página 70: **Sin mujeres masonas no tendríamos voto femenino; La incultura sale cara** y **Estamos pasando de una vida biológica a otra digital**. Si lo estima conveniente, anime a sus alumnos a especular sobre la personalidad que emite estas opiniones y a pensar a qué se dedica. Luego comente con ellos la función de este tipo de titulares, escritos con la intención de atraer la atención del lector.

Explíqueles que van a leer una entrevista algo especial, puesto que no se trata de una entrevista a un personaje célebre, sino a un taxista. Anímelos a imaginar por qué puede ser interesante esta entrevista, de qué creen que puede hablar el taxista. A continuación, remítalos al titular de esta contra: **Puedo decir que 'La contra' me cambió la vida** y anímelos a ir acotando sus suposiciones. Una vez que haya varias hipótesis sobre la mesa y -es de esperar- sus alumnos sientan curiosidad por conocer la historia de Carlos Roldán, lea con ellos la entrevista.

Cuando hayan terminado pídales que vuelvan a leerla en calma y detecten la razón por la cual **La contra** cambió la vida de Carlos Roldán. Ponga en común la respuesta y pregúnteles después si les parece una historia interesante. Luego invítelos a comentarlo en grupos y a poner en común otros posibles casos similares, sean personas que cambiaron radicalmente de profesión, personas que tomaron una decisión importante o cualesquiera otros casos que puedan estar relacionados con el tema en cuestión.

Termine con una puesta en común en clase abierta y despeje las dudas que queden de vocabulario.

Escuchar a cuatro personas que hablan de momentos que cambiaron su vida y tomar notas.

 37-40

 TRANSCRIPCIÓN

 FICHA PROYECTABLE 8

 FICHA FOTOCOPIABLE 5

√ **Comprensión auditiva**

√ **Interacción oral**

Piense en un momento de su vida que fue determinante para usted, una decisión importante, una casualidad que cambió su trayectoria, una persona que le influyó notablemente, etc. Cuénteselo a sus alumnos y enlace así con el texto que acaban de leer. Anímelos a hacerle preguntas o a comentarlo y luego explíqueles que van a escuchar a continuación a cuatro personas hablando de momentos que cambiaron sus vidas.

Puede trabajar de varias maneras. Si desea realizar una actividad de carácter más bien libre, pida a sus alumnos que tomen notas sobre lo que escuchan, como propone el libro del alumno. Para ayudarlos con la comprensión puede hacer previamente la actividad propuesta en la ficha proyectable 8, que incluye imágenes relacionadas con las decisiones de las que se hablan (una joven francesa, comprarse una casa, hacer un máster y viajar a la India). En este caso, pregúnteles qué ven en las imágenes y qué pueden tener que ver esas fotografías con las decisiones de las personas que hablan en las grabaciones.

Si desea guiar más la escucha (bien desde el principio, bien como trabajo posterior al descrito arriba) puede repartir la ficha fotocopiable 5 y animar a sus alumnos a completarla mientras escuchan. No haga puesta en común todavía, ya que la van a hacer por parejas después.

Solución ficha fotocopiable 5

	¿Qué decisión o experiencia cambió su vida?	¿Por qué fue importante?	¿En qué consistió el cambio?
Nuria	Un viaje a la India.	Estuvo 3 meses dando clases de español en la Universidad de Nueva Delhi.	Se dio cuenta por primera vez de que dar clases de español le gustaba mucho (y luego se dedicó a ello).
Sergio	Conocer a Christine, una chica francesa.	Se enamoró y compartieron muchas cosas.	Decidió dejar formación profesional, estudiar bachillerato e ir a la universidad.
Pablo	Una conversación.	Estudió un máster en Madrid.	Encontró una vocación. Se dedicó a la enseñanza.
Raquel	Un viaje de un año a Alemania.	Le gustó mucho y decidió cambiar los estudios.	Empezó a estudiar filología alemana.

Compartir las notas, escuchar de nuevo y reconstruir las historias por escrito.

 CE 17, 18, 19, 20, 21

√ **Interacción oral**

√ **Expresión escrita**

√ **Comprensión auditiva**

Anime a sus alumnos a compartir sus notas (tanto si las han tomado por libre como si han utilizado la ficha fotocopiable 5) y a reconstruir las historias de cada personaje. Explíqueles que se trata no solo de completar la información que les falte, sino de redactar las respuestas a las preguntas de la ficha en forma de texto. Si no ha repartido la ficha, remítalos a la muestra que aparece en la actividad D.

Deje que trabajen por parejas durante unos minutos y vuelva después a reproducir la audición para que intenten completar lo que no hayan podido reconstruir entre los dos,

o para comprobar si lo que han escrito hasta el momento es correcto. Por fin, haga una puesta en común en clase abierta. En los ejercicios 18 y 19 del Cuaderno de ejercicios se llama la atención de los alumnos sobre algunos mecanismos que se utilizan para ganar tiempo y reformular en español. Es posible que no sean conscientes de si existen estos mecanismos en su lengua. Por lo tanto, si lo considera conveniente, puede proponerles que se fijen en ello durante unos días, pasados los cuales pueden analizar entre todos qué mecanismos posee cada lengua para llevar a cabo este control de la comunicación.

Observar el significado y uso de **entonces**, **desde entonces** y **hasta entonces**.

 CE 15, 16, 30

√ **Observación y reflexión sobre el sistema formal**

√ **Competencia plurilingüe**

√ **Competencia léxica**

Copie en la pizarra este fragmento de la transcripción de Nuria, en el que se refiere a la obra de teatro que hizo con sus alumnos: **Hice un *casting*, y entonces allí, allí quizás, aunque ya había dado clases antes, allí quizás fue cuando me planteé por primera vez que, que era algo que me gustaba mucho.**

Llame la atención de sus alumnos sobre el conector **entonces** y pregúnteles por una expresión equivalente. Pueden ser, por ejemplo, **en aquel momento** o **en ese momento**. Remítalos después al relato de Galeano, a la frase **Entonces, alguien apareció, desde el fondo del tiempo**. Hágales ver que se trata del mismo uso. Explíqueles que **entonces** puede también utilizarse para referirse a una época más amplia y remítalos al primero de los ejemplos que aparecen en el apartado 8 de la *Agenda de aprendizaje*. Explíqueles que **entonces** abarca aquí una época, una temporada, y no un momento puntual. Pregúnteles si en su lengua utilizarían la misma palabra o expresión para ambos ejemplos y anímelos a reflexionar sobre ello de forma individual.

A continuación muéstreles los marcadores **desde entonces** y **hasta entonces** tal y como aparecen en los ejemplos. Asegúrese de que entienden que en el primero la palabra **entonces** se refiere al mes de junio, y en el siguiente al año 2010. De nuevo, anímelos a pensar en la fórmula equivalente en su lengua y a reflexionar sobre las semejanzas y diferencias que puedan encontrar.

7

Observar algunas combinaciones frecuentes con el verbo **cambiar**.

 FICHA PROYECTABLE 9

 FICHA FOTOCOPIABLE 6

 CE 37, 38, 39

√ **Competencia léxica**

√ **Observación y reflexión sobre el sistema formal**

√ **Interacción oral**

Remita de nuevo a sus alumnos al titular de **La contra** de Carlos Roldán y subraye **me cambió la vida**. Luego pregúnteles qué les cambió la vida a cada una de las personas de la grabación y anímelos a contestar así: **A Nuria le cambió la vida un viaje a la India**. Luego dígales que Raquel, después de ir a Alemania, **se cambió de carrera** (estudiaba filología inglesa y decidió estudiar alemana). Escríbalo y subraye lo que aparece en negrita. Explíqueles, a partir de la observación de estos ejemplos, que el verbo **cambiar** se puede utilizar de diferentes maneras y generar diferentes combinaciones léxicas. Remítalos al apartado 7 de la *Agenda de aprendizaje* y observe con ellos las diferentes combinaciones en las que puede aparecer.

Reparta la ficha fotocopiable 6 y anímelos a rellenarla individualmente. Luego invítelos a comentarla con otros compañeros en pequeños grupos. Esta ficha los preparará para la actividad posterior, en la que podrán hablar de los grandes cambios que han tenido lugar en su vida.

Si trabaja con material proyectable, muestre la ficha 9. En ella se presenta a Gonzalo al día de hoy. Cada ilustración representa uno de los cambios que ha tenido lugar en su vida y la fecha en la que se produjo. Así, la imagen que corresponde a la muestra de lengua se refiere al cambio de casa. Anímelos a escribir una o dos frases sobre cada

cambio: qué ha cambiado, cómo era antes y cómo es ahora. Deje que trabajen individualmente y haga después una puesta en común.

E

Hablar de las experiencias o decisiones que han marcado la propia vida.

 CE 23

√ **Interacción oral**

√ **Personalización del aprendizaje**

√ **Competencias pragmáticas (funcional)**

Explique a sus alumnos que ahora es su turno de pensar en las decisiones o experiencias que han cambiado su vida. A estas alturas de la unidad, es probable que sus alumnos ya hayan reflexionado sobre ello, pero déjeles un tiempo para preparar la interacción.

Remítalos a las preguntas de la actividad E, léalas con ellos y dígales que pueden utilizarlas como guía para reflexionar sobre el tema. Puede repartir la ficha fotocopiable 7 para que escriban sus respuestas.

Llame también su atención sobre los andamiajes. Los ejemplos que comienzan con **en ese momento...** describen las circunstancias que se daban cuando se produjo el cambio. **Antes**, sin embargo, introduce una acción o unas circunstancias previas al cambio.

Pasados unos minutos, anime a sus alumnos a formar grupos de tres o cuatro personas y a intercambiar sus experiencias. Durante el intercambio es importante que tomen notas de lo que escuchan, puesto que van a necesitarlas para la actividad siguiente. También es importante que apunten alguna cita textual de sus compañeros, algo de lo que digan que les parezca sorprendente o especialmente interesante, y que lo escriban literalmente, como si fuera un titular de **La Contra** de *La Vanguardia*.

Mientras trabajan, pasee por las mesas e intervenga como uno más: comentando, haciendo preguntas, contando algo sobre usted, etc.

4

Conocer la diferencia entre **estaba** + gerundio y **estuve** + gerundio.

FICHAS PROYECTABLES 10, 11

CE 28, 29, 30, 34

√ **Competencia gramatical**

√ **Personalización del aprendizaje**

√ **Expresión escrita**

Llame la atención de sus alumnos sobre la forma **estaba viviendo** que aparece en el andamiaje de la actividad E y pregúnteles cómo podría expresarse esa idea de otra manera. Probablemente entiendan que en este caso se podría decir **en ese momento vivía...**.

Remítalos a la *Agenda de aprendizaje* y explíqueles que la estructura **estar** + gerundio puede conjugarse en todos los tiempos verbales y que tiene la misma función que en presente: mostrar una acción en su desarrollo. Explíqueles que la diferencia entre **estaba viviendo y estuve viviendo** reside en que mientras con la primera se describe una acción pasada en su desarrollo sin hablar de su comienzo ni su final, con la segunda se habla de una acción que se prolongó un cierto tiempo y que terminó. Muéstreles los gráficos que aparecen e invítelos a completar las tablas de verbos siguiendo el modelo. A continuación, remítalos de nuevo al apartado 3 de la *Agenda de aprendizaje* y pídales que completen la traducción que dejaron antes sin hacer, la de **estaba estudiando Medicina**. Puede sugerirles igualmente que traduzcan **estuvo viviendo**, de la frase **Markus estuvo viviendo en París de 2000 a 2010**.

Por último, anímelos a pensar en momentos de su vida y crear gráficos similares. En la puesta en común, puede proyectar la ficha 10. Si no trabaja con estas fichas, invite a varios alumnos a salir a la pizarra, escribir sus ejemplos, dibujar sus gráficos y explicarlos, si es necesario. Es importante que corrija en este momento los errores de lengua, ya que se trata de una actividad bifocalizada en el significado y la forma.

Para practicar la narración en pasado, en este caso con una biografía, puede proyectar la ficha 11. En ella aparecen fragmentos de un personaje imaginario, Ainhoa, una mujer chilena exiliada. Se ofrece el comienzo de varias frases para que los alumnos, en parejas, puedan

continuarlas utilizando su imaginación y conocimiento del mundo. De esta manera, aunque todos recompongan las historia del mismo personaje, todas serán diferentes y resultará interesante ver en la puesta común final qué ha imaginado cada pareja.

Solución

estuve, estuviste, estuvo, estuvimos, estuvisteis, estuvieron;
estaba, estabas, estaba, estábamos, estabais, estaban.

F

Escribir un resumen con información de los compañeros y hacer preguntas.

√ **Expresión escrita**

√ **Trabajo cooperativo**

√ **Competencias pragmáticas**

Esta última actividad consiste en poner por escrito los resultados de la interacción oral previa y escribir un resumen con la información de cada compañero del grupo.

Explique a sus alumnos la dinámica de la actividad y remítalos a la muestra que aparece sobre Elke Freigner. Explíqueles que la frase que aparece entrecomillada es una cita textual de Elke, como las de **La contra**, y que sintetiza lo más llamativo o importante del texto. Recuérdeles que ellos han escrito al menos una para cada alumno y que pueden comenzar cada resumen con ellas.

Ayúdelos a redactar el texto. Recuérdeles que si lo escriben partiendo de un hecho significativo, como el cambio importante del que han hablado, la acción dará saltos en el tiempo hacia cómo eran las cosas antes, qué cosas habían sucedido con anterioridad y cómo fueron después. Por ello, anímelos a utilizar el pluscuamperfecto y las formas **estar** + gerundio en pasado para aportar matices que enriquezcan la narración.

Luego, pida a sus alumnos que expongan su resumen en la pared de la clase, repartidos con suficiente espacio entre ellos. A continuación, invítelos a levantarse con su cuaderno en la mano, a leer los textos y anotar una posible pregunta o un comentario sobre lo que han leído. Pasados unos minutos, ponga en común las preguntas y comentarios y anime a cada alumno a escoger dos o tres de ellos y formularlos en alto a la persona a la que conciernen. El alumno deberá contestar a la pregunta o al comentario. Trabaje así hasta que todos los alumnos hayan participado.

Vídeo

√ **Competencia audiovisual**

√ **Competencia sociocultural**

Ver el resto del vídeo sobre los niños de la guerra y comprender información sobre otros temas.

 FICHA FOTOCOPIABLE 1

Recuerde a sus alumnos que al principio de la unidad vieron la primera parte del vídeo y dígales que ahora van a ver las otras dos partes, dedicadas a la llegada y a la vida allí. Pídales que trabajen sobre la ficha fotocopiable 1, que ya repartió en su momento, y se fijen en los puntos 2 y 3.

Pregunte a sus alumnos cómo se sentirían ellos al llegar a un país extranjero sin sus padres y anímelos a ponerse en situación. A continuación, dígales que en la ficha aparece información sobre cómo fue la llegada de Enrique y de Berta, invítelos a leer las frases y a imaginar quién puede haber dicho cada una. Reproduzca entonces el vídeo y anímelos a marcar a quién corresponde la información en cada caso. De nuevo, sugerimos que la primera vez ponga el vídeo sin subtítulos y para la segunda decida, en función de las necesidades de su grupo, si activa los subtítulos o no.

De nuevo, si lo estima conveniente, puede explicar o proponer un trabajo de búsqueda sobre algunas palabras que aparecen en esta sección: **acogida**, **vapor**, **colonia** (como residencia), **filántropo**, **verja**.

En la última parte se propone una actividad similar, pero ligeramente más libre, menos guiada. Lea con ellos la información de la ficha antes de reproducir el vídeo y anímelos a tomar notas sobre los temas tratados. Por supuesto, si antes imaginan qué pueden decir los hablantes, activarán conocimiento previo y vocabulario que será muy útil después.

Las palabras que puede ser conveniente aclarar de antemano son: **maquinista**, **cartero**, **ricachón**, **educador**, **maestro**, **asignatura**. Termine con una puesta en común, primero en pequeños grupos y luego en clase abierta.

Página de entrada

√ **Competencia léxica**

√ **Aprender a aprender**

√ **Trabajo cooperativo**

Elaborar entre todos una nueva imagen con el vocabulario más importante de la unidad.

 FICHA PROYECTABLE 12

CE 40, 41, 42, 43

Si trabaja con material proyectable, muestre la ficha 12, que representa un camino como en de la página de entrada, pero sin palabras. Pídales que piensen en las veinte palabras o grupos de palabras más importantes de la unidad para ellos. A continuación, anime a sus alumnos a decir en alto las palabras que han escogido. Cuando uno diga una palabra que los demás han escrito, aquellos que la hayan escrito deberán levantar la mano. Un voluntario irá apuntando el léxico más popular hasta llegar hasta veinte unidades léxicas con las que rellenará el camino. Así, la imagen final representará el consenso de todo el grupo.

¿UNA DE ACCIÓN O UNA COMEDIA?

Mapa de la unidad

PÁGINA DE ENTRADA

CUADERNO DE EJERCICIOS: **1, 2, 3, MIS APUNTES**

VÍDEO

FICHAS PROYECTABLES: **1, 11**

NUESTRAS PELÍCULAS FAVORITAS

CUADERNO DE EJERCICIOS: **4, 5, 6, 7, 8, 9, 10, 11**

FICHAS PROYECTABLES: **2, 4**

FICHAS FOTOCOPIABLES: **1, 2**

02 EL SECRETO DEL BUEN CINE

CUADERNO DE EJERCICIOS: **12, 13, 14, 15, 16, 17, 18**

FICHAS PROYECTABLES: **08, 10**

FICHAS FOTOCOPIABLES: **4, 5, 6**

AGENDA DE APRENDIZAJE

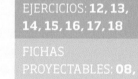

CUADERNO DE EJERCICIOS: **19, 20, 21, 22, 23, 24, 25, 26, 27, 28, 29, 30, 31, 32, 33, 34, 35, 36, 37, 38**

FICHAS PROYECTABLES: **5, 6, 7, 8, 9**

FICHAS FOTOCOPIABLES: **4, 5, 6**

Página de entrada

√ **Competencia léxica**

√ **Activación de conocimiento del mundo**

√ **Activación de conocimientos previos**

Introducir el tema de la unidad a partir del título y la imagen de la página de entrada.

 FICHA PROYECTABLE 1

 CE 1, 2, 3

Remita a sus alumnos a la página de entrada o proyecte la ficha 1 y diga **¡Luces, cámara, acción!** Haga el gesto de la plaqueta que se cierra y pregúnteles de qué trata la unidad. Remítalos al título, *¿Una de acción o una comedia?* Léalo en alto y diga: **Yo prefiero una comedia** (o **una de acción**, según cuáles sean sus preferencias). Luego pregunte a un alumno: **Y tú, ¿qué prefieres? ¿Una de acción o una comedia?**, espere a que conteste y anímelo a preguntar a otro alumno. Repita el procedimiento con dos alumnos más. Luego invítelos a buscar otros géneros en la plaqueta (aparecen drama, policíaca, de terror, ciencia ficción) y a utilizarlos para continuar la actividad, así:

Tú, ¿una de ciencia ficción o una de terror?
Yo, mejor una policíaca.

También, si lo estima conveniente, puede animarlos a hacerse la pregunta: **Tú, ¿(una) película o (una) serie?**

Vídeo

√ **Competencia audiovisual**

√ **Interacción oral**

Ver la primera parte de un vídeo y hacer hipótesis sobre su contenido.

El vídeo de esta unidad es un cortometraje titulado *036*, elaborado por alumnos y profesores del Instituto de Cine de Madrid.

Explique a sus alumnos que van a ver un cortometraje titulado *036*. Pregúnteles si pueden imaginarse a qué se refiere el número del título y deje que hagan suposiciones. No desvele la solución. Luego reproduzca el vídeo hasta el minuto 02:16. Pregúnteles dónde creen que se desarrolla el corto y si la situación les parece familiar. Puede explicarles que la protagonista quiere darse de alta en autónomos y lo que eso significa, pero bastará con que comprendan que está intentando resolver un trámite burocrático. Anímelos a comentar la actitud del funcionario. ¿Les resulta amigable, cooperador, antipático, desafiante, etc.? ¿Y ella? ¿Parece obediente, desafiante, educada, decidida, etc.?

Por último, pregúnteles si creen que la chica conseguirá resolver el trámite o no, es decir, quién vencerá: ella o el funcionario de la Administración Pública. Explíqueles que al final de la unidad podrán ver el vídeo entero y conocer el desenlace.

01
NUESTRAS PELÍCULAS FAVORITAS

√ **Competencia léxica**

√ **Competencias pragmáticas (funcional)**

√ **Interacción oral**

Conversar sobre gustos cinematográficos.

 FICHA PROYECTABLE 2

 FICHA FOTOCOPIABLE 1

 CE 3, 4

En la actividad correspondiente a la página de entrada se ha hecho un primer trabajo sobre los géneros cinematográficos y los gustos de los alumnos al respecto de algunos de ellos. Para ampliar el léxico de manera significativa puede proyectar la ficha 2. En ella aparecen varios componentes de una película y una tabla para valorar el grado de importancia que tienen para los alumnos. Para la puesta en común puede preguntar así: **Los actores, ¿para quién son poco importantes? ¿Y bastante importantes? ¿Y muy importantes?**, y marcar la casilla con mayor número de respuestas (es decir, si para la mayoría de la clase los actores son muy importantes, ponga una cruz en la celda correspondiente). Repita el procedimiento con todos los elementos de la tabla.

A continuación, la actividad del Libro del alumno propone una conversación más detallada acerca de las preferencias de los alumnos con respecto al cine. Para mostrar la dinámica de la actividad puede empezar usted hablando de sus gustos. Por ejemplo: **A mí me gusta mucho el cine de denuncia y uno de mis directores favoritos es Fernando León.**

Luego remita a sus alumnos a los andamiajes que aparecen en la actividad y léalos con ellos. Resuelva las dudas de vocabulario que surjan y pregunte a sus alumnos si echan en falta algún género. A continuación invítelos a hablar por parejas o en grupos de tres y a comparar sus preferencias. En la puesta en común, pregúnteles por las coincidencias y las diferencias y anímelos a comentarlo en clase abierta.

√ **Interacción oral**

√ **Personalización del aprendizaje**

√ **Competencia sociocultural**

Leer información sobre varias películas y decir cuál le gustaría ver a cada uno.

 CE 4, 5

Pregunte a uno o dos alumnos cuál es su película favorita. Luego pregúnteles qué películas de España o Latinoamérica conocen y anote los títulos en la pizarra. Anímelos a explicar a los demás todo lo que sepan sobre ellas: su director, los actores (si son conocidos), de qué trata, si les gustó o no, etc. Luego explique al grupo que en las páginas 78 y 79 aparecen cinco grandes películas del cine español de los últimos años. Remítalos a ellas y pregúnteles si conocen alguna de ellas.

A continuación divida la clase en grupos de cinco personas y numere a los alumnos del uno al cinco. Explique que los alumnos que tienen el número uno van a leer el texto sobre **Amores perros**; los que tienen el dos, el de **La ciénaga**; los que tienen el tres, el de **La teta asustada**; los del número cuatro, **El laberinto del fauno**, y los del número cinco, **Mar adentro**. Explíqueles que tras la lectura cada uno va a explicar a los otros miembros de su grupo qué tipo de película es, cuáles son sus temas principales y de qué trata, cuál es su argumento. Para ello, remítalos antes al apartado 7 de la *Agenda de aprendizaje*.

Después de la lectura déjeles unos minutos para intercambiar la información que han leído. Recuérdeles que es importante que, en la medida de la posible, hablen de la película con sus propias palabras. Mientras hablan, pasee por las mesas y ayúdelos en lo que necesiten, aporte información nueva, aclare dudas, etc.

Luego diga qué película le gustaría ver a usted y por qué, y anime a un alumno a hacer lo mismo. Remítalos entonces al apartado 2 de la *Agenda de aprendizaje*.

Termine con una conclusión sobre qué películas son las más interesante para la mayoría y anuncie que más adelante tendrán oportunidad de seguir investigando sobre ellas.

Agenda de aprendizaje

7

Conocer recursos para hablar del argumento de una obra.

√ **Competencia léxica**

√ **Competencias pragmáticas (funcional)**

Para que los alumnos puedan explicar a sus compañeros el argumento de la película remítalos a la *Agenda de aprendizaje*. Lea con ellos los ejemplos y explíqueles que **va de**... pertenece a un registro coloquial, mientras que **trata sobre** o **trata de** pertenecen a un registro algo más formal y se pueden emplear tanto en el lenguaje oral como escrito.

C

Buscar en internet el tráiler de dos películas y opinar sobre ellas.

√ **Investigación en internet**

√ **Competencia audiovisual**

√ **Interacción oral**

Explique a sus alumnos que van a hacer un proyecto de investigación en internet. Invítelos a formar grupos según sus intereses, es decir, que aquellos a los que les apetece ver una película determinada trabajen con otros alumnos con cuyos intereses coincidan.

Cuando estén formados los grupos, pídales que busquen en internet el tráiler de dos de esas cinco películas y anoten todo aquello que amplíe la información de la que disponían antes de su búsqueda. Luego pregúnteles si el hecho de ver el tráiler ha modificado en algo su interés por la película o su percepción de la misma. Remítalos en este punto a los andamiajes de la actividad y después, si no lo ha hecho antes, al apartado 2 de la *Agenda de aprendizaje*.

Si lo estima conveniente y dispone de tiempo, puede poner todos los tráilers y preguntar en clase abierta qué película les gustaría ver en ese momento y por qué.

2

Conocer recursos para expresar deseos.

√ **Competencias pragmáticas (funcional)**

√ **Personalización del aprendizaje**

√ **Interacción oral**

 FICHA PROYECTABLE 3

 CE 22, 23, 24

Para expresar sus deseos, sus alumnos han visto en la actividad B la fórmula **me apetece** + infinitivo. En este apartado de la *Agenda de aprendizaje* se añade un nuevo exponente: **me gustaría** + infinitivo. Explíqueles que también se puede decir **Me apetece un helado** (**me apetece** + sustantivo). Puede recordarles la expresión **tener ganas de (hacer algo)**, que probablemente ya conozcan, para que la utilicen también en este contexto. A continuación, anímelos a escribir individualmente una respuesta a la pregunta: **¿Qué te apetece hacer hoy?** Luego haga una puesta en común invitando a algunos alumnos a leer en alto su texto. Interésese por el contenido, pero corrija los errores de forma que cometan, ya que se trata de una actividad de atención a la forma. Para practicar el uso de **me apetece** y **me gustaría**, así como el léxico relacionado con el cine, puede proyectar la ficha 3. En ella se muestra el catálogo de una videoteca online, Filmin (www.filmin.es), cuyas categorías temáticas son originales y divertidas. Se propone a los alumnos que observen dichas categorías, imaginen qué tipo de películas o géneros cinematográficos puede encajar en cada una, piensen en alguna película que podría estar en esa categoría y, por fin, inventen un título para una otra categoría.

Anímelos a trabajar en grupos de tres. No tienen que hacer este trabajo para todas las categorías. Será suficiente con que escojan cuatro. Para que la actividad sea más interesante, asegúrese de que cada grupo trabaja sobre categorías diferentes. Al final haga una puesta en común del trabajo de los grupos y pídales, si lo estima conveniente, que investiguen fuera de clase en el catálogo real y vean si su propuesta se asemeja a la auténtica. En la siguiente sesión pueden comentar las diferencias y semejanzas que encuentren.

D

Escuchar a varias personas que opinan sobre películas y expresar acuerdo o desacuerdo con ellos.

 41-43

 TRANSCRIPCIÓN

 FICHA PROYECTABLE 4

 FICHA FOTOCOPIABLE 1

√ **Comprensión auditiva**

√ **Interacción oral**

Explique a sus alumnos que van a escuchar tres conversaciones en las que dos personas hablan de una película. Puede trabajar de dos maneras diferentes. Si tiene la posibilidad, puede proyectar la ficha 4 y decirles que a lo largo de las tres conversaciones van a escuchar las expresiones que aparecen en ella. Léalas con ellos para aclarar las dudas de vocabulario. Después reproduzca los audios una vez y anímelos a relacionar cada afirmación con la pista a la que corresponde. Tenga en cuenta que en una de las conversaciones aparece la palabra **precuela**. Si lo estima conveniente, puede introducirla antes.

A continuación puede repartir la ficha fotocopiable 1, en la que se recoge una plantilla para responder a las preguntas del libro del alumno. Si no trabaja con material proyectable, reparta directamente la ficha y proceda de igual manera. Reproduzca cada conversación tantas veces como estime necesario y haga luego una puesta en común. Pregúnteles si conocen las películas que se mencionan y anímelos a comentarlas. ¿Son de la misma opinión que las personas que hablan en la grabación?

Propuesta de solución ficha fotocopiable 1

	Título	¿Qué dicen sobre ella?	¿Les gustó?	¿Por qué?
1	*Un dios salvaje*	Es de Roman Polanski. Es muy buena. Está basada en una obra de teatro.	Sí, les encantó, les pareció genial.	El guión es fantástico. Los actores son fabulosos. Lo mejor es el final.
2	*Prometheus*	Es la precuela de la saga *Alien*. Es del director de *Alien*.	No. Le decepcionó (es un bodrio).	Hay saltos en la trama y cosas que no se entienden.
3	*El sol del membrillo*	Es de Víctor Erice. Es un documental sobre la creación de un cuadro. No hay actores, sino personas de verdad.	Sí.	Es muy interesante porque se ve trabajar a un pintor. Hay conversaciones relacionadas con la pintura. Es delicada. La iluminación es preciosa.

1

Conocer recursos para valorar experiencias.

 FICHA PROYECTABLE 5

 CE 19, 20, 21

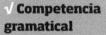

√ **Competencia gramatical**

√ **Competencias pragmáticas (funcional)**

√ **Personalización del aprendizaje**

En la audición se han utilizado expresiones valorativas como **me encantó, me pareció genial, me gustó que está basada en una obra de teatro, me llevé una decepción, me pareció una película delicada**. Escríbalas en la pizarra (todas o algunas de ellas) y explíqueles que son recursos con los que podemos valorar una experiencia pasada. Lea con ellos los ejemplos de la

Agenda de aprendizaje y remítalos al recuadro de rayas grises en el que se añaden nuevos verbos con el mismo funcionamiento: **fascinar, entusiasmar, horrorizar**. Pregúnteles si recuerdan otros verbos que funcionan igual y anímelos a decirlos en alto para sus compañeros. Explíqueles que cuando queremos valorar un producto cultural en general utilizamos el presente de indicativo: **un libro que me gusta mucho, un grupo que me encanta**, etc. Remítalos a los ejemplos contrastados que aparecen en la *Agenda de aprendizaje*: **un museo que me gusta** (lo visito regularmente) frente a **un museo que me gustó (**lo visité en algún momento del pasado). Anímelos a pensar en ejemplos propios para cada caso y a ponerlos luego en común en pequeños grupos, a comentarlos, hacer preguntas a sus compañeros, etc. Termine con una puesta en común y asegúrese de que ha quedado clara la diferencia de uso.

Si lo desea, puede trabajar también con la ficha proyectable 5. En ella se ilustra brevemente la diferencia entre **me gusta/me encanta** y **me gustó/me encantó** y se incluyen algunas propuestas para que los alumnos valoren utilizando estos recursos. Anímelos a pensar individualmente en un ejemplo para cada caso y a comentarlo después en pequeños grupos. Haga por fin una puesta en común en clase abierta y anime a los alumnos a comentar las cosas curiosas o interesantes que surjan durante la actividad.

6

Conocer recursos para hacer una recomendación.

 CE 4, 5

√ **Competencia gramatical**

√ **Competencias pragmáticas (funcional)**

√ **Personalización del aprendizaje**

En la siguiente actividad, sus alumnos van a recomendar una película que les gusta mucho. Puede remitirlos ahora a la *Agenda de aprendizaje* y observar con ellos algunos recursos útiles para hacer recomendaciones.

Explíqueles que **tienes que** + infinitivo se utiliza para recomendar efusivamente algo, casi como una obligación.

No te pierdas también tiene este tono perentorio, casi de obligación, y puede explicar a sus alumnos que ambos se utilizan mucho en la lengua hablada, pero también en la publicidad. El siguiente recurso, sin embargo, está menos marcado. El verbo **recomendar** puede anteceder a un nombre, **te recomiendo la última novela de Vargas Llosa** o una oración subordinada sustantiva precedida de la conjunción **que**: **Te recomiendo que veas su nueva película**. En este caso, el verbo de la oración subordinada debe estar en subjuntivo.

A continuación, pídales que piensen en algunos objetos o lugares recomendables y los anoten al lado de cada uno, como sugiere la *Agenda de aprendizaje*. Luego, anímelos a formar grupos de cuatro o cinco personas y a compartir sus recomendaciones. Como siempre, recuérdeles que es aconsejable que conversen sobre ello, que hagan preguntas y comentarios, que compartan su experiencia si conocen aquello que les está siendo recomendado, etc.

 E

Buscar información sobre una película y presentársela a los compañeros.

 FICHA FOTOCOPIABLE 2

 CE 8. 9. 10

√ **Investigación en internet**

√ **Expresión oral**

√ **Personalización del aprendizaje**

De nuevo se propone una investigación en internet, pero esta vez en solitario. Invite a sus alumnos a pensar en su película favorita o una que les guste muchísimo y a presentársela al resto de la clase. Explíqueles que como guía para la presentación deberán completar la ficha que aparece en la actividad E. Puede repartir la ficha fotocopiable 2 para que puedan escribir en ella.

Puede decidir entre permitir que los alumnos lleven a cabo la investigación en clase o la preparen fuera y la traigan para la siguiente sesión. Explique que se trata de una presentación breve, de no más de dos o tres minutos, y que lo más importante es que expliquen de qué trata, cuál es su opinión sobre ella y por qué la recomiendan. Por eso, es importante que activen todos los recursos conversacionales que han ido apareciendo a lo largo de la unidad, para que puedan escoger aquellos que les resulten útiles en este momento. Remítalos para ello al apartado 3 de la *Agenda de aprendizaje*. Al final, cuando todos los alumnos hayan presentado su película, anime a los alumnos a comentar las películas mencionadas y su opinión sobre ellas, si coinciden con la valoración de sus compañeros o no y por qué.

3

Sistematizar los recursos para hablar sobre cine.

 FICHA PROYECTABLE 6, 7

 FICHA FOTOCOPIABLE 3

 CE 25, 26, 27, 28

√ **Observación del funcionamiento del sistema formal**

√ **Personalización del aprendizaje**

√ **Competencia plurilingüe**

Este puede ser un buen momento para remitir a sus alumnos al apartado 3 de la *Agenda de aprendizaje*, dedicado a la sección *Construir la conversación* y que en este caso presenta un esquema global de recursos útiles para el intercambio de opiniones sobre cine (si bien muchos de sus recursos pueden extrapolarse a intercambios de opiniones sobre otros temas).
Pida a sus alumnos que cierren el libro y entrégueles la ficha fotocopiable 3. Invítelos a trabajar por parejas para completarla con recursos que han aparecido en la unidad (o que conocían de antemano). Déjeles unos minutos y a continuación proyecte la ficha 6 o remítalos al esquema de la página 86.
A continuación, para provocar una charla sobre cine, puede trabajar con la ficha proyectable 7 e invitar a los alumnos a hablar en pequeños grupos sobre alguna película o serie que es relevante para ellos por algún motivo. Remítalos a los recursos que aparecen en la actividad y lea con ellos la muestra de lengua. Luego invítelos a charlar libremente ayudándose de estos recursos y de los del esquema de la página 86.

F

Buscar la traducción de algunos títulos de películas.

√ **Competencia sociocultural**

√ **Investigación en internet**

√ **Interacción oral**

En la actividad E, los alumnos han tenido que buscar el título en español de la película que han escogido para presentar a sus compañeros. Probablemente se hayan dado cuenta de que muchas traducciones son más bien adaptaciones o que se escoge un título completamente diferente al original. Explíqueles que en esta actividad se van a dedicar a investigar cómo cambian los títulos de algunas películas clásicas cuando se llevan a otro país.
Pida a sus alumnos que formen parejas y escojan diez títulos de películas famosas, bien de su país, bien de otros, y que busquen en internet cómo se titulan en castellano. Puede discutir de antemano algunas estrategias para encontrar esta información, como por ejemplo:
a. Buscar el título de la película en Wikipedia y, una vez en el artículo, pulsar en el idioma español en el menú de idiomas. La enciclopedia remitirá inmediatamente a la versión del artículo en castellano y aparecerá el título de la película en esta lengua, si lo tiene.
b. Introducir en un buscador español el nombre del director, el año de realización y algún actor famoso hasta dar con el título de la película.
c. Escribir directamente en su buscador (o en uno español) la pregunta: **¿Cómo se titula ... en español?** De esta forma encontrarán discusiones en blogs, foros o webs que hablen del tema.
Ponga en común los descubrimientos de sus alumnos y fomente una discusión sobre las traducciones o los títulos escogidos. ¿Les parecen adecuados? ¿En su país se hace lo mismo o se deja el título en la lengua original? ¿Pueden pensar en un título alternativo para mejorar uno que en su opinión no está conseguido?, etc.

Hacer una lista de las cinco mejores películas de una categoría.

√ **Trabajo cooperativo**

√ **Expresión oral**

√ **Competencias pragmáticas**

 CE 11

Recuerde a sus alumnos que el título de esta primera sección de la unidad es **Nuestras películas favoritas**. Explíqueles que a continuación van a hacer una lista de sus películas favoritas. Sin embargo, como cada alumno ha explicado ya cuál es su película favorita, van a tener que acotar la selección. Pueden escoger las cinco mejores películas de un país determinado (del suyo u otro cuyo cine conozcan), de un género cinematográfico, del último año, de las que están actualmente en cartelera o de las que han sido premiadas en festivales de cine, por ejemplo. También puede proponerles usted nuevas categorías o animarlos a ellos a que propongan otras que les resulten motivadoras. Pídales que formen grupos de cuatro personas y que se pongan de acuerdo en primer lugar en la categoría sobre la que van a trabajar. Llame su atención sobre la muestra de lengua incluida en la actividad, que les servirá como modelo para la interacción. Anímelos a negociar, opinar, argumentar, etc. con ayuda del esquema del apartado 3 de la *Agenda de aprendizaje*, sobre el que ya han trabajado.

02
EL SECRETO DEL BUEN CINE

√ **Construcción de hipótesis**

√ **Competencias pragmáticas (funcional)**

√ **Comprensión de lectura**

Hacer hipótesis sobre una película a partir de su cartel y algunos fotogramas.

 FICHA PROYECTABLE 8

 FICHA FOTOCOPIABLE 4

 CE 16

Escriba en la pizarra el título de esta sección, *El secreto del buen cine*, y anime a sus alumnos a escribir tres palabras o conceptos clave a este respecto, es decir, a resumir el secreto del buen cine en sus tres factores clave. Por ejemplo: **amor**, **acción**, **humor**. Luego haga una puesta en común y comenten los factores más repetidos entre los alumnos. Si dispone de proyector, muestre la ficha proyectable 8. Anuncie a sus alumnos que van a ver una serie de fotogramas de una película y pídales que, si alguien la conoce, no diga aún de cuál se trata. Vaya pasando los fotogramas y anime a sus alumnos a comentarlos diciendo qué ven, qué les sugiere cada imagen, cuáles de los elementos que han señalado como claves anteriormente se dan en ellos y, por último, a qué tipo de película creen que corresponden y por qué. Para que puedan expresar sus hipótesis remítalos a los andamiajes de la actividad A: **Parece...** y **Yo diría que es...**
Si no trabaja con el material proyectable, haga la actividad con las imágenes de las páginas 82 y 83. A continuación pregunte a sus alumnos si alguno sabe de qué película se trata y, en caso de que así sea, anime a aquel o aquellos que la conocen a hablar de ella. Si nadie la conoce, dígales que van a leer el texto para saber qué película es y por qué es tan famosa. Comente después con ellos el texto de introducción y pregúnteles si conocen otras películas extranjeras o alguna de su país que haya ganado el Oscar. A continuación, reparta la ficha fotocopiable 4, en la que aparece la sinopsis de la película. Pídales que la lean y

coloquen las frases que faltan en el lugar adecuado. Por último, pregúnteles si les gustaría verla y por qué.

Solución ficha fotocopiable 4

Benjamín Espósito acaba de jubilarse después de trabajar toda su vida en un juzgado penal. Su sueño, que no pudo cumplir cuando era joven, es escribir una novela. El argumento está basado en una historia real de la que él fue protagonista hace muchos años, en 1974. Es la historia de un asesinato y de la búsqueda del culpable, en una época en la que la violencia y el crimen contaminaban la política y la ley. Al hacer revivir la historia, Espósito revive una historia de amor imposible con la mujer a la que ha amado todos estos años. Pero además, descubre que no todo está resuelto, y vuelve a investigar por su cuenta qué sucedió con el culpable.

B

Comprender las opiniones que escriben algunos usuarios en un foro de cine.

√ **Comprensión de lectura**

 CE 12, 13, 14

Pregunte a sus alumnos si alguna vez han participado en un foro de cine para opinar sobre una película, conocer la opinión de otros, comprender partes del argumento o saber más sobre algún aspecto de una película.

A continuación explíqueles que van a leer varias opiniones de un foro sobre *El secreto de sus ojos*. Anímelos a leerlas por parejas y a marcar al lado de cada una si se trata de opiniones positivas o negativas. Enfatice que en este momento solo tienen que detectar si las opiniones son positivas o negativas, no leer cada opinión en detalle. Si lo estima necesario, puede decirles que hay tres personas a las que no les gustó la película y animarlos a identificarlas. Pídales que marquen los elementos que les dan las pistas necesarias para clasificar la opinión del autor del comentario entre las positivas o las negativas. Si lo estima conveniente y desea entrenar a sus alumnos en este tipo de lectura selectiva, puede limitar el tiempo a un minuto, de forma que

tengan que orientar su atención exclusivamente a detectar esa información. Haga después una puesta en común para ver si han detectado las opiniones negativas.

Solución

Las opiniones negativas son de Nahuel, Luisana y Anabela.

C

Señalar los recursos que utilizan los usuarios del foro para valorar las películas.

√ **Competencia léxica**

√ **Competencias pragmáticas (funcional)**

√ **Personalización del léxico**

 CE 15

Tras esa primera puesta en común, pida a sus alumnos que vuelvan a leer los comentarios, esta vez con más calma, y pídales que subrayen los elementos que les han dado las pistas para clasificar las opiniones. Un elemento fundamental es el uso de adjetivos o locuciones positivos como **genial**, **extraordinaria**, **espléndido**, **maravillosa**, **brillante**, **fantástico**, **grandísima**, **fabulosos**; y de negativos como **sobrevalorado**, **lenta**, **pesada**. Pero además, aparecen exponentes valorativos como **me gustó muchísimo**, **me pareció lenta**, **no me entusiasmó**, **¡Qué película!**, etc., que ya conocen. Por último, aparecen frases hechas como **No hay para tanto**, que tal vez sea necesario explicar, o recursos pragmáticos como la ironía o el sarcasmo: **Parece que solo tenemos un actor en Argentina**. Comente con sus alumnos todos estos recursos y, si lo estima conveniente, pregúnteles si ellos los utilizarían de forma similar en su lengua.

Pregúnteles cuáles de las formas que se utilizan en el foro para valorar la película les parecen más útiles y escríbalas en forma de lista en la pizarra.

Propuesta de solución

Positivas: impresionante trabajo; excelente es poco; me pareció una peli genial; esta es una de las mejores películas que he visto en mi vida; una peli extraordinaria, digna de un Oscar; me encantó la actuación de…; espléndido, como de costumbre; es una historia de amor de las buenas; es una obra redonda, una película maravillosa; a mí me gustó muchísimo; los actores están extraordinarios; ¡Qué guión!;

¡Qué actores!; ¡Qué película!; absolutamente brillante; hay un fantástico guión; una grandísima película.
Negativas: no me pareció tan genial; me pareció lenta y un poco pesada; no me entusiasmó; no se merecía el Oscar.

Reflexionar sobre los adjetivos que se utilizan en la propia lengua para valorar un producto cultural.

√ **Competencia léxica**

√ **Competencia plurilingüe**

Al valorar películas y experiencias habrán salido ya muchos adjetivos como **buenísimo**, **estupendo**, **interesante**, etc. En este apartado de la *Agenda de aprendizaje* se propone una actividad de atención a esos adjetivos que se emplean para valorar una película, un espectáculo o un producto cultural en general, en la lengua materna, primero, y en español después.
Remita a sus alumnos a la *Agenda de aprendizaje* y pídales que piensen, individualmente, en los adjetivos -tanto positivos como negativos- que utilizan habitualmente para valorar una película o serie, un libro y un espectáculo.
Déjeles unos minutos para completar la actividad. Si hay alumnos que comparten la misma lengua materna, puede proponerles que contrasten los adjetivos que ha escrito cada uno de ellos.

Buscar posibles equivalentes en castellano para los adjetivos de la actividad anterior.

√ **Competencia léxica**

√ **Competencia plurilingüe**

√ **Interacción oral**

 FICHA PROYECTABLE 9

 CE 29, 30, 31

El objetivo de este apartado es, por un lado, ampliar el repertorio léxico de los alumnos a la hora de valorar un producto cultural, y por otro, fomentar la reflexión sobre el funcionamiento de la propia lengua y del español.
Para ello se anima a los alumnos a buscar equivalencias entre los adjetivos que han señalado en el apartado 4 y los propuestos en este. Tenga en cuenta que es muy posible que su reacción espontánea sea la de fijarse en los cognados, es decir, palabras que comparten características morfológicas (**excelente** y *excellent* o **maravilloso** y *marvellous*, por ejemplo) y tienen por lo tanto una forma muy similar en diferentes lenguas. Pero además de la forma, los cognados pueden compartir rasgos semánticos en mayor o menor medida. Si no hay coincidencia o la coincidencia es solo parcial se habla de falsos amigos, es decir, palabras que tienen forma similar pero cuyo significado no es equivalente, como en el caso de **librería** y *library* (que en inglés significa **biblioteca**) o **burro** y *burro* (que en italiano significa **mantequilla**). Si bien los cognados pueden ser una gran ayuda cuando comparten significado, son también una fuente de error cuando el significado no es el mismo en ambos idiomas. Por eso es aconsejable que invite a sus alumnos a reflexionar sobre ello mientras resuelven la actividad. Conviene también tener en cuenta que gran parte de los adjetivos positivos pueden interpretarse, en este nivel, como sinónimos, mientras que entre los adjetivos de valoración negativa no todos son intercambiables entre sí. Invite a sus alumnos a mirar la tabla y a determinar en primer lugar cuáles de esos adjetivos son positivos y cuáles negativos. Una vez hecho esto, anímelos a buscar

aquellos que pueden corresponderse aproximadamente con los que han escrito en la actividad 4. Es posible que surjan dudas con respecto al significado de algunos de ellos. Ayúdelos a resolverlas. Comente con ellos las posibles equivalencias, los desplazamientos de significado, etc.

Si trabaja con material proyectable, muestre la ficha 9. En ella se recogen recursos para hacer recomendaciones, en este caso sobre cualquier manifestación cultural. Anime a sus alumnos a pensar en al menos tres cosas que quisieran recomendar (o no recomendar) y a anotarlas en su cuaderno. Luego, invítelos a formar grupos de tres personas y a poner en común sus recomendaciones. Invítelos a interactuar entre ellos: a hacer preguntas sobre las recomendaciones de otros, a reaccionar ante una recomendación, etc.

Por último, pida a cada alumno que comparta con los demás una recomendación interesante que le han hecho sus compañeros de grupo. En este momento será util la muestra de lengua que aparece en la ficha.

D

Escuchar a varias personas que hablan de una película y marcar en una escala cuánto les gustó.

  44-45

  TRANSCRIPCIÓN

  FICHA PROYECTABLE 10

  FICHA FOTOCOPIABLE 5

√ **Competencia auditiva**

√ **Competencia léxica**

Anuncie a sus alumnos que van a escuchar sendas conversaciones en las que dos personas hablan sobre la película, y explíqueles que deben marcar en la tabla cuánto les ha gustado a cada uno. Recomiéndeles que escuchen cada conversación hasta el final antes de marcar nada, pero

dígales que, si les ayuda, pueden anotar palabras clave para cada intervención.

Escuche cada conversación dos veces y anime a sus alumnos a discutir en grupos de tres lo que han marcado. Tenga en cuenta que no hay una respuesta exacta, sino que esta se puede encontrar en diferentes puntos a lo largo de un eje continuo en el que la subjetividad tiene un papel importante, tanto con respecto a los hablantes como a los alumnos que escuchan; así, determinar si el grado de satisfacción de un hablante es seis o siete, por ejemplo, puede ser una apreciación personal. Por eso recomendamos que anime a sus alumnos a hablar sobre ello y a negociar sus respuestas. Termine con una puesta en común e intente que lleguen a un cierto consenso en la escala de valoración.

A continuación, dígales que van a volver a escuchar el audio y entrégueles la ficha fotocopiable 5. Pídales que en esta parte de la actividad intenten responder a las preguntas que aparecen en la ficha. Léalas con ellos antes de volver a poner la grabación y asegúrese de que queda claro qué información deben entender para contestar cada una.

Si además desea hacer un trabajo léxico en profundidad a partir del texto oral, puede trabajar con la ficha proyectable 10. En ella se han extraído expresiones de valoración que los hablantes utilizan a lo largo de las dos conversaciones. Pídales que, antes de volver a escuchar, marquen con un menos (-) si les parece que son expresiones de valoración negativa y con un más (+) si les parecen positivas. Dependiendo de la intensidad que se exprese con el exponente en cuestión se podrá marcar este con uno (+), dos (++) o más símbolos (+++).

Aclare con ellos las dudas de vocabulario y uso y anímelos a hacer la actividad por parejas. Tenga en cuenta que algunas valoraciones pueden ser tanto positivas como negativas según su contexto de uso. Es el caso de **me sorprendió**, **me impactó** o **dio que hablar**, por ejemplo. Por ello, remarque la importancia de escuchar el audio para comprender el contexto en el que se expresa tal valoración. Luego reproduzca la audición tantas veces como lo estime conveniente y anímelos a comprobar si han marcado correctamente las valoraciones.

Propuesta de solución
1. A él: 6. A ella: 10.
2. A él: 8. A ella: 6.

Propuesta de solución ficha fotocopiable 5
1.
a. El protagonista es Ricardo Darín. Los actores están fenomenal. Darín es un actor que te seduce.

b. A ella le fascinó. Le gusta que haya dos historias paralelas: el thriller y la historia de amor. Le parece que está muy bien explicada.

c. A todo el mundo le gustó y se habló mucho de ella.

2.

a. Que los personajes son o muy buenos, muy buenos, o muy malos, muy malos; es un poco maniquea. Tampoco le gusta el final.

b. En el final. A él le parece perfecto. A ella no le parece creíble.

Propuesta de solución ficha proyectable 10

Positivas: aluciné; me sorprendió; me encantó; a todo el mundo le gustó; yo creo que es fantástica; me impactó; a mí me gustó, pero oye, no sé; Darín es uno de esos actores que te seducen; los actores están fenomenal; tiene muy buen argumento; los actores son espectaculares; me enganchó; me gustó, pero no me entusiasmó; el final es lo mejor; me pareció el colofón perfecto para esta gran película; los actores son espectaculares.

Negativas: no me parece creíble; hay cosas que me chocan un poco.

Escribir comentarios en un foro de cine de la clase.

 FICHA FOTOCOPIABLE 6

√ **Trabajo cooperativo**

√ **Expresión escrita**

√ **Interacción oral**

Piense en una película clásica o de éxito en ese momento y pregunte a sus alumnos si la han visto. Puede pedirles que levanten la mano para saber con exactitud cuántos de ellos la han visto. Proponga a sus alumnos que intenten encontrar algunas películas o series que hayan visto todos, ya que van a crear su propio foro de cine. Para ello, pueden preguntarse en clase abierta: **¿Habéis visto...?**, hasta que encuentren varias que conozcan todos.

A continuación divida a sus alumnos en grupos de cinco personas y pídales que encuentren cinco películas que hayan visto todos. Dependiendo del número total de alumnos, los grupos pueden ser más pequeños, de cuatro personas, por ejemplo. En este caso, deberán encontrar cuatro películas o series que todos hayan visto.

Cuando cada grupo haya escogido sus películas, lea con ellos los comentarios de muestra sobre *Los juegos del hambre*. En sus comentarios, Sonia y Tony expresan su opinión y la justifican brevemente. La primera es negativa, mientras que la segunda es positiva.

Reparta ahora la ficha fotocopiable 6 y explique la dinámica de la actividad. Dígales que cada grupo va a elaborar su propio foro de cine. Cada miembro del grupo debe escoger una de las películas, escribir el título en la ficha, un comentario sobre ella y calificarla numéricamente del cero (no me ha gustado nada) al diez (me ha encantado). Cuando lo hayan hecho, deben pasar su ficha al siguiente compañero, que deberá leer el comentario y escribir uno sobre la película reaccionando al anterior. Luego, pasará el papel al alumno siguiente, que deberá escribir su comentario refiriéndose a algo de lo que aparece en los anteriores, y así sucesivamente. De esa manera, todos los alumnos del grupo participarán en un foro sobre las cinco películas escogidas.

Al final, pida a un portavoz de cada grupo que resuma los aspectos más destacados de una o dos de sus películas, tanto positivos como negativos, y diga cuál ha sido la nota media. Por último, anímelos a colgar las fichas en las paredes del aula y a pasear para leer los comentarios del resto de foros.

F

Escribir un comentario en un foro de cine auténtico.

  CE 17, 18

√ **Investigación en internet**

√ **Expresión escrita**

√ **Personalización del aprendizaje**

Por último, y ahora que sus alumnos disponen de las herramientas necesarias para participar en un foro, propóngales que lo hagan de verdad.

Explíqueles que la última actividad consiste en buscar en internet un foro de cine en español y escribir un comentario sobre la última película de estreno que han visto. Puede pedirles que lo hagan en clase o fuera de ella. En cualquiera de los casos, invítelos a explicar a sus compañeros cuáles son las opiniones mayoritarias sobre la película: qué se destaca como aspectos positivos, qué se considera mejorable, etc., así como algún dato curioso que deseen compartir. Para que esta actividad sea realmente significativa, será interesante que sus alumnos estén atentos a las posibles reacciones que puedan provocar sus comentarios. Por ello, pídales que entren en el foro varias veces a lo largo de la semana posterior a la realización de la actividad. Pasada esa semana, pregúnteles si ha habido respuestas y cómo han sido.

Por último, puede animarlos a explicar cómo se han sentido al participar en una actividad de comunicación en un entorno digital auténtico.

Vídeo

√ **Comprensión audiovisual**

√ **Interacción oral**

√ **Componente lúdico**

Ver el vídeo hasta el final e inventar diálogos para los personajes.

Anuncie a sus alumnos que van a volver a ver el vídeo. Recuérdeles que al principio de la unidad hicieron hipótesis acerca de cuál de los dos personajes sería el vencedor. Reproduzca ahora el vídeo completo y comente con ellos el final. ¿Qué les parece? Luego escriba en la pizarra:

Título
Género
Personajes (protagonistas y secundarios)
Argumento

Distribuya a sus alumnos en grupos de tres o cuatro personas y pídales que entre todos elaboren una ficha sobre el cortometraje. Déjeles unos minutos y haga una puesta en común. Luego pregúnteles qué les parece el título del corto. Por último, le proponemos una actividad lúdica. Explique a sus alumnos que, en esos mismos grupos, van inventar diálogos entre los dos protagonistas. Reprodúzcalo de nuevo para recordar el número de intervenciones de cada personaje y déjeles trabajar en clase. Si lo prefiere, puede pedirles que lo hagan fuera del tiempo de clase. Recuerde que pueden acceder al cortometraje a través del canal de vídeo de Difusionele en Youtube (www.youtube/difusionele). Haga una puesta en común y comente con ellos los vídeos más curiosos o graciosos.

Propuesta de solución
Título: *036*
Género: Cortometraje. Comedia con elementos de *western*.
Personajes (protagonistas y secundarios):
Dos protagonistas (una mujer joven y un funcionario) y ocho secundarios (los trabajadores de la oficina).
Argumento: Una mujer joven intenta resolver un trámite burocrático y el funcionario le pone dificultades. Comienza una lucha psicológica entre ellos que termina con la victoria de la protagonista femenina.

Página de entrada

√ **Competencia léxica**

√ **Aprender a aprender**

√ **Trabajo cooperativo**

Clasificar el léxico de la imagen.

 FICHA PROYECTABLE 11

 CE 35, 36, 37

Remita de nuevo a sus alumnos a la página de entrada y pídales que clasifiquen el léxico que aparece en ella en estas categorías:

Géneros cinematográficos
Elementos de una película
Expresiones y adjetivos para valorar
Otros

Tenga en cuenta que algunas palabras como **serie** o **apetecer** pueden plantear dudas y se prestan a ser clasificados de diferentes formas. Haga una puesta en común en clase abierta, discuta con ellos las diferentes posibilidades y, por último, anímelos a ampliar entre todos cada categoría con otras palabras y grupos de palabras que recuerden de la unidad.

Por último, si tiene la posibilidad, proyecte la ficha 11 y proponga al grupo que rellenen la imagen entre todos con el léxico que les parece fundamental de la unidad.

Propuesta de solución

Géneros cinematográficos: drama, (película) de terror, comedia, policíaca, película de acción, ciencia ficción.
Elementos de una película: guión, actores, argumento, director.
Expresiones y adjetivos para valorar: me encantó, increíble, me pareció, extraordinaria, impresionante.
Otros: apetecer, serie, te recomiendo.

¿CIENCIA O FICCIÓN?

Mapa de la unidad

PÁGINA DE ENTRADA

CUADERNO DE EJERCICIOS: **1, 2, MIS APUNTES**

VÍDEO

FICHAS PROYECTABLES: **1**

FICHAS FOTOCOPIABLES: **6**

 01

LOS ROBOTS DEL FUTURO

CUADERNO DE EJERCICIOS: **3, 4, 5, 6, 7, 8, 9, 10, 11**

FICHAS PROYECTABLES: **2, 5**

FICHAS FOTOCOPIABLES: **1, 2**

02

EL FUTURO SEGÚN LA CIENCIA FICCIÓN

CUADERNO DE EJERCICIOS: **12, 13, 14, 15, 16, 17**

FICHAS PROYECTABLES: **7, 9**

FICHAS FOTOCOPIABLES: **3, 4, 5**

AGENDA DE APRENDIZAJE

CUADERNO DE EJERCICIOS: **18, 19, 20, 21, 22, 23, 24, 25, 26, 27, 28, 29, 30, 31, 32, 33, 34, 35, 36, 37, 38**

FICHAS PROYECTABLES: **3, 4, 6, 8, 10, 11**

FICHAS FOTOCOPIABLES: **1, 2**

Página de entrada

√ **Activación de conocimiento del mundo**

√ **Competencia léxica**

Introducir el tema de la unidad a partir del título y de la imagen de la página de entrada.

 FICHA PROYECTABLE 1

 CE 1, 2

El título de esta unidad es un juego de palabras, una deconstrucción del término **ciencia ficción**, género sobre el que gira la segunda parte de la misma.

La imagen de la página de entrada hace referencia a la película *Matrix*, que probablemente conozcan muchos de sus alumnos. Remítalos a ella o muestre la ficha proyectable 1 y pregúnteles qué les sugiere. Es muy probable que varios reconozcan el guiño. Anímelos a comentar la película y pregúnteles a qué género pertenece. De esta manera estarán además repasando los recursos de la unidad 6. Cuando respondan que pertenece a la ciencia ficción, remítalos al título de la unidad y pregúnteles: **La ciencia ficción, ¿es ciencia o es ficción?, o ¿tiene más de ciencia o de ficción?** y anímelos a contestar según su parecer.

Luego pídales que busquen en la imagen un concepto que está muy relacionado con la película *Matrix*. Se trata de **realidad virtual**, pero acepte también cualquier otro cuya elección esté debidamente justificada.

Vídeo

√ **Competencia audiovisual**

√ **Interacción oral**

√ **Competencia existencial**

Ver un vídeo y comprender información sobre un robot.

El vídeo de esta unidad muestra una visita a una feria de robótica que se celebra en España. En él, la presentadora entrevista a varios ingenieros que hablan sobre diferentes robots. Tenga en cuenta que la velocidad de habla es considerable y que se utiliza vocabulario especializado, por lo que recomendamos que deje el trabajo con el mismo para el final de la unidad.

En este momento, utilice el vídeo para entrar en materia y familiarizar a sus alumnos con uno de los temas de la unidad: la robótica. Si bien puede parecer un tema técnico, la realidad es que los robots están muy presentes en el imaginario colectivo. A ello ha contribuido en gran medida la ciencia ficción.

Escriba en la pizarra la palabra **robot** y pregunte a sus alumnos qué robots conocen. Puede que nombren a robots de las películas como los de *La guerra de las galaxias* o *Robocop*, por ejemplo. Si no lo hacen, ayúdelos usted mencionando alguno. Luego anímelos a pensar en características de los robots. Pregunte: **¿Cómo son los robots?** y **¿os interesa saber cómo serán los robots del futuro?**

Explique a continuación que van a ver un vídeo en el que el equipo de Mundo Friki asiste a una feria de robótica. Adviértales de que se trata de un vídeo auténtico y de que se habla a velocidad normal, a veces incluso bastante rápido. Tranquilícelos a este respecto, si es necesario, explicándoles que en este momento van a trabajar la comprensión global. Si lo estima conveniente, puede explicarles el origen de la palabra **friki**. Se trata de la adaptación al castellano del vocablo inglés *freak* (extraño, extravagante). Explíqueles que se trata de una palabra con la que se designa a personas que tienen gustos minoritarios o cuyo aspecto o aficiones no son comunes. Originariamente se utilizaba sobre todo para referirse a aficionados a géneros minoritarios como la ciencia ficción o la fantasía e interesados en la informática. Actualmente se ha extendido a muchas otras áreas de la vida, y existe incluso el fenómeno del **frikismo**, con el que se hace referencia al culto desmedido a una afición, a menudo minoritaria.

Reproduzca el vídeo sin subtítulos hasta el minuto 0:35, aproximadamente, y pregúnteles en qué ciudad está Estefanía. Es posible que sus alumnos reconozcan la Sagrada Familia y la Torre Agbar. Anímelos a describir lo que ven y a decir qué otras pistas los han ayudado. A continuación reproduzca hasta el minuto 02:05, aproximadamente, pero sin sonido, y anímelos a observar las imágenes del robot que aparece. Preséntelo como Reem y antes de poner el vídeo, escriba las siguientes preguntas en la pizarra:

a. ¿Qué es Reem?
b. ¿En qué lugares puede ser útil?
c. ¿Para qué?
d. ¿Creéis que los robots tendrán emociones en el futuro?

Anime a sus alumnos a intentar contestar a estas preguntas (las tres primeras) a partir de lo que ven y ayúdelos con el vocabulario que necesiten. Después anímelos a contestar la última pregunta simplemente con sí o no. Luego ponga de nuevo el vídeo hasta el minuto 02:05, pero esta vez con sonido y anime a sus alumnos a comparar sus respuestas con las que da el ingeniero. No tienen que comprender todo lo que dice Ricardo en respuesta a la pregunta d. Basta con que entiendan que él cree que sí será así.

Tenga en cuenta que esta forma de proceder facilitará la comprensión, puesto que sus alumnos habrán anticipado el contenido de la entrevista. Por último, haga una puesta en común en clase abierta y pregúnteles si les parece interesante un robot como este. Anímelos a explicar por qué y a contrastar sus opiniones.

Deje la segunda entrevista para el final de la unidad.

Solución
a. Es un robot de servicios.
b. En lugares donde se celebran eventos, centros comerciales, hospitales, etc.
c. Dar información a los asistentes a eventos; informar de dónde está el lugar que está buscando alguien; acompañarlo hasta el sitio; llevar bolsas y maletas; como entretenimiento, por ejemplo para contar cuentos a los niños.
d. Según Ricardo, sí. Es un paso natural en la evolución.

01
LOS ROBOTS DEL FUTURO

Intercambiar opiniones sobre lo que es para cada uno un robot.

FICHA PROYECTABLE 2

Gracias al trabajo con el vídeo y la página de entrada, sus alumnos ya están familiarizados con el tema de esta unidad, por lo que puede pasar a la actividad A. Pregúnteles qué es para ellos un robot, remítalos a las posibles respuestas de la actividad y pídales que marquen aquella o aquellas que mejor encajan con su idea. Luego explique qué es para usted un robot y anime a otros alumnos a hacer lo mismo.

Si trabaja con material proyectable, puede mostrar la ficha 2 y animar a los alumnos a pensar si lo que aparece en las fotografías son robots, de qué tipo y qué tienen todos en común. De izquierda a derecha y de arriba a abajo se ve un robot industrial, un robot de limpieza, un robot bélico, un androide y un brazo robótico (una prótesis). Con la excepción del androide, que puede considerarse actualmente más cercano a la ciencia ficción, los demás son robots que se utilizan habitualmente. Todos ellos tienen en común la capacidad de aprender del entorno. Puede discutir sobre esto con sus alumnos y pensar en otras herramientas modernas, por ejemplo informáticas, que tienen esta capacidad y podrían por tanto ser consideradas también robots.

B

Hacer conjeturas sobre cómo serán los robots en el futuro.

√ **Interacción oral**

√ **Competencias pragmáticas (funcional)**

√ **Competencia gramatical**

Remita a sus alumnos a la imagen del robot que aparece en la página 90 y compare este con el robot del vídeo. Pregúnteles cuál les parece más futurista y cómo creen que serán los robots en el futuro: más sofisticados, con forma humana, etc. Para que puedan hablar sobre ello, remítalos a los andamiajes que aparecen en la actividad B. Explíqueles que el verbo está en futuro, pero no les muestre aún el paradigma de conjugación. Pueden realizar la actividad con los recursos que se les facilitan. Si, por el contrario, prefiere darles ahora el paradigma de los verbos en futuro, puede remitirlos al apartado 1 de la *Agenda de aprendizaje*.

Agenda de aprendizaje

1

Observar el paradigma verbal del futuro de indicativo.

 FICHA PROYECTABLE 3

 CE 18

√ **Competencia gramatical**

√ **Observación y reflexión sobre el funcionamiento del sistema formal**

Remita a sus alumnos al paradigma verbal del futuro imperfecto y explíqueles que se trata de un tiempo que utilizamos, en este caso, para hacer predicciones sobre el futuro. Si trabaja con material proyectable, puede poner la ficha 3 antes de mostrarles el paradigma completo, explicarles que se trata de las mismas formas para los verbos de las tres conjugaciones y animarlos a deducir las que faltan a partir de las que aparecen allí. Deje los verbos irregulares para más tarde.

2

Observar las formas del futuro de los verbos irregulares.

 FICHA PROYECTABLE 3

 CE 19, 20, 21

√ **Competencia gramatical**

√ **Observación y reflexión sobre el funcionamiento del sistema formal**

Explíqueles que hay muy pocos verbos que sean irregulares en el futuro, y dígales que se trata de los mismos verbos que presentan irregularidades en el condicional, modo que conocen porque se presentó en la unidad 2. Antes de mostrarles las formas irregulares, anímelos a recordar qué verbos son irregulares en el condicional y a intentar deducir, a partir de ellos, las formas del futuro de imperfecto de los verbos irregulares. Si proyectó la ficha 3, vuelva a hacerlo ahora, pero céntrese en los verbos irregulares. Haga la puesta en común y muestre al final las soluciones.

C

Conocer recursos para referirse a un texto, valorar una predicción, reafirmarla o cuestionarla.

√ **Comprensión de lectura**

√ **Interacción oral**

√ **Competencias pragmáticas**

 CE 3, 4, 5, 6, 7

Escriba en la pizarra los siguientes enunciados incompletos:

Cuando pensamos en un robot, casi todos imaginamos...
Pero en realidad, un robot es...
En nuestro día a día estamos rodeados de robots:

Anime a sus alumnos a completarlos individualmente y a compartir sus ejemplos con el resto. Luego remítalos al texto de introducción de *Los robots del futuro* e invítelos a comparar sus respuestas con las que aparecen en el libro. A continuación, anímelos a leer la segunda parte del texto, la que lleva por título *Pero, ¿cómo serán los robots en el futuro?*, y a subrayar las ideas fundamentales. Resuelva las dudas que puedan surgir y anime a sus alumnos a trabajar en grupos de tres para comparar las ideas que han subrayado y ponerse de acuerdo en aquellas que consideran más importantes. Cuando lo hayan hecho, explíqueles que deberán ponerlas por escrito.
Por último, pregúnteles qué piensan sobre lo que se afirma en el texto y anímelos a comentarlo en esos mismos grupos. Para ello, remítalos a los recursos que se facilitan en los andamiajes de la actividad.

8

Observar el uso de indicativo y subjuntivo en la expresión de probabilidad y opinión.

√ **Competencia gramatical**

√ **Observación y reflexión sobre el funcionamiento del sistema formal**

√ **Competencias pragmáticas (funcional)**

 CE 30, 31, 32

Llame la atención de sus alumnos sobre los siguientes ejemplos y escríbalos en la pizarra:

Yo no creo que los robots puedan ser tan inteligentes como los humanos.
Sí, seguro que algún día los robots serán tan inteligentes como los humanos.
A mí me da miedo que los robots puedan ser algún día tan inteligentes como las personas.

Subraye los verbos y haga notar a sus alumnos que **puedan** es la tercera persona del plural del presente de subjuntivo, mientras que **serán** es futuro de indicativo. Remítalos a continuación a la tabla de contraste entre indicativo y subjuntivo que aparece en la *Agenda de aprendizaje*: mientras **pensar/creer que** rige indicativo, **no pensar/no creer que** rige subjuntivo.
En cuanto a la expresión de probabilidad, la percepción del hablante se sitúa en un continuo con un alto grado de subjetividad, por lo que las reglas de uso de indicativo y subjuntivo permiten un cierto grado de variabilidad. Así, cuando se expresan predicciones de futuro con **a lo mejor** y **seguramente**, el verbo suele ir en indicativo, si bien tras el último puede utilizarse también subjuntivo. En cuanto a **quizás** y **probablemente** (también en las predicciones de futuro), pueden acompañar a un en subjuntivo o en indicativo. El factor determinante es el grado de certeza que desea expresar el hablante.

D

Hacer una hipótesis sobre qué es y para qué sirve un objeto.

 CE 8

√ **Activación de conocimientos previos**

√ **Competencias pragmáticas (funcional)**

√ **Interacción oral**

Remita a sus alumnos a la imagen de Q.bo que aparece en la página 93 y pregúnteles qué creen que es. Anímelos a comentarlo con un compañero. Para ello, remítalos a los andamiajes de la actividad: **yo me imagino que…, yo supongo que…, a mí me parece que…** y **debe de ser…** Probablemente, a estas alturas muchos de ellos digan que creen que es un robot, pero anímelos a ir más allá: a pensar en qué tipo de robot es y para qué se utiliza.

A continuación, remítalos a los apartados 5 y 6 de la *Agenda de aprendizaje* y anímelos a imaginar también de qué es capaz y qué cosas sabe hacer.

5

Conocer recursos para especular sobre qué puede ser una cosa.

√ **Observación y reflexión sobre el funcionamiento del sistema formal**

√ **Competencia léxica**

Remita a sus alumnos a los andamiajes para especular sobre qué puede ser una cosa: **yo me imagino que …, (a mí me) parece que…** y **debe de …** Hágales ver que el verbo va en indicativo en los dos primeros casos y en infinitivo en el segundo. Como ya conocen otras formas de hacer conjeturas, puede retomar aquí, si lo estima conveniente, **quizás, a lo mejor, seguramente y probablemente**.

Asimismo, puede sugerirles que hagan un esquema en su cuaderno sobre aquellos recursos en los que el verbo debe estar en indicativo, aquellos en los que debe estar en subjuntivo y aquellos que admiten ambas posibilidades, y anímelos a pensar en un ejemplo para cada uno.

6

Conocer recursos para referirse al uso y las capacidades de un objeto.

 FICHA PROYECTABLE 4

√ **Competencias pragmáticas**

√ **Competencia léxica**

√ **Expresión oral**

Remita a sus alumnos a los andamiajes que aparecen en este apartado para describir un objeto. Para hablar de su uso, muéstreles los exponentes **se puede usar para…** y **se puede usar como…** En cuanto a sus capacidades o habilidades, llame su atención sobre **es capaz de** + infinitivo, **sabe** + infinitivo … y **puede** + infinitivo. Para practicar estos recursos puede trabajar con la ficha proyectable 4. En ella se propone una actividad de carácter lúdico. Divida a sus alumnos en grupos de tres y explíqueles que van a presentar a la clase un objeto curioso. Muéstreles el ejemplo que aparece en la ficha y lea con ellos la descripción. Explíqueles que **¡Porque lo digo yo!** es una expresión de carácter rotundo y autoritario y que a menudo, como caricatura, se acompaña del lenguaje corporal correspondiente, que puede ser un puñetazo en la mesa o algún otro gesto de índole similar. Anímelos a buscar en internet o en revistas objetos que puedan resultar curiosos y a preparar una presentación oral para el resto de la clase. En el recuadro amarillo aparecen algunos aspectos en los que se pueden centrar.

E

Escuchar un programa
de radio en el que se
habla de un robot y
tomar notas.

√ **Comprensión auditiva**

√ **Competencias pragmáticas (funcional)**

√ **Competencia léxica**

 46

 TRANSCRIPCIÓN

 FICHA PROYECTABLE 5

 CE 9, 10, 11

A continuación diga a sus alumnos que van a escuchar un programa de radio en el que se explica qué es Q.bo, para qué se puede usar, qué sabe hacer, etc. Una vez más, invítelos a tener presentes las hipótesis que han hecho en la actividad anterior y a comprobar si se cumplen o deben rectificarlas. Explíqueles, si lo considera conveniente, que prepararse de esta manera para escuchar un texto oral es una estrategia útil, puesto que activa los esquemas cognitivos necesarios para que la comprensión sea más sencilla, además del posible vocabulario que se va a utilizar. Si quiere profundizar esta aproximación estratégica a la actividad, puede sugerirles incluso que piensen en qué tipo de información creen que se da en un programa de estas caracterísitcas y apúntela en la pizarra con posibles ejemplos. Por ejemplo: quién lo ha desarrollado, de qué material está hecho, cómo funciona, cuánto cuesta, etc.

Tras este trabajo previo, reproduzca la audición e invítelos a tomar notas. Pueden escucharla varias veces. Después anímelos a contrastarlas con las hipótesis previas. Si trabaja con material proyectable, puede hacer la puesta en común con la ficha 5.

Solución

Se puede usar como mascota.
Es capaz de moverse por casa sin chocarse.
Sabe hablar, reconocer personas y voces, obedecer órdenes.
Puede ver y comunicarse.

F

Opinar sobre
un robot.

√ **Interacción oral**

√ **Competencia existencial**

√ **Competencia gramatical**

Ahora que sus alumnos han reflexionado sobre los robots y saben qué tipo de robot es Q.bo, pregúnteles si les parece útil y si lo comprarían. Anímelos a trabajar por parejas o grupos de tres y a responder a las siguientes preguntas:

¿Te parece útil? ¿Por qué?
¿Lo comprarías? ¿Por qué?
¿Qué tipo de robot te parecería útil o interesante?
¿Cuánto dinero te gastarías en él?

Pasee por los grupos y comente con ellos las preguntas. Puede intervenir y expresar su propia opinión. Al final puede hacer una conclusión sobre las tendencias generales de la clase sobre si Q.bo despierta interés o no. Si no les resulta interesante, puede terminar aquí la actividad. Si, por el contrario, sí les interesa, puede animarlos a investigar en internet y ver los vídeos que existen sobre él, el blog del grupo de investigación, el grupo de amigos en Facebook, etc., y sugerirles que, por grupos, los presenten brevemente a la clase. Otra posibilidad para el caso de que no les interese es conversar acerca de las razones y pensar qué tendria que tener un robot para que fuera interesante. Luego tendrán la ocasión de investigar en internet para buscar otros robots.

9

La forma y los usos del verbo **parecer**.

 FICHA PROYECTABLE 6

 CE 33, 34, 35

√ **Competencia léxica**

√ **Observación y reflexión sobre el funcionamiento del sistema formal.**

√ **Competencia plurilingüe.**

Recuerde a sus alumnos que en la grabación, la locutora de radio pregunta: **¿Se parece al ser humano?** y el locutor contesta: **Se parece bastante al robot de *La guerra de las galaxias*.** Escriba estas frases en la pizarra. A continuación escriba: **me parece útil**, y subraye el pronombre **me**. Explique a sus alumnos que el verbo **parecer** tiene varios significados y remítalos a la *Agenda de aprendizaje*. Lea con ellos los diferentes ejemplos y asegúrese de que entienden el significado de cada uno. Hágales ver que en la frase **los pingüinos me parecen muy graciosos**, el verbo concuerda en género y número con el sujeto (los pingüinos). Si este estuviera en singular, el verbo sería **me parece: el pingüino me parece muy gracioso**. Si lo estima conveniente, puede remitir a sus alumnos al *Diccionario de construcciones verbales* que aparece al final del libro y observar la sistematización de significados y usos del verbo **parecer**.

A continuación, invítelos a pensar si en su lengua existen diferentes verbos para expresar esas ideas o se engloban dentro de los diferentes significados de un mismo verbo, y a anotar los ejemplos en la sección destinada a ello.

Para ilustrar la diferencia entre **parece**, **me parece** y **me parece que**, puede proyectar la ficha 6. En ella se ve a tres personas delante del mismo cuadro, una obra cubista. La mujer está especulando sobre lo que puede representar el cuadro y pretende evocar la frase: **Parece una guitarra** (o **un bodegón**, por ejemplo). El estudiante cree reconocer al autor y piensa: **Me parece que es de Picasso**. Por último, al hombre de la izquierda no le gusta nada, lo que se puede expresar con la frase: **Me parece horrible**. Anime a sus alumnos a pensar en otros ejemplos posibles en esa situación en los que se utilice **parece**, **me parece** y **me parece que**, como **me parece una tontería**, por ejemplo.

G

Presentar un robot a los compañeros.

 FICHA FOTOCOPIABLE 1

√ **Investigación en internet**

√ **Trabajo cooperativo**

√ **Expresión oral**

√ **Mediación**

En la actividad F sus alumnos han discutido sobre el tipo de robot que les parecería útil o interesante. Explíqueles ahora que van a investigar en internet para conocer más robots que existen realmente en cualquier otro lugar del mundo y saber cómo son, qué saben hacer, etc.

Pídales que formen parejas o grupos de tres personas para llevar a cabo la investigación. Explíqueles que cuando encuentren un robot que les parezca interesante, deberán tomar notas de sus características y presentárselo al resto de compañeros. Para preparar la presentación puede entregarles la ficha fotocopiable 1 y pedirles que rellenen cada uno de los campos, si disponen de la información necesaria. Tenga en cuenta que es posible que mucha información esté en inglés u otros idiomas, por lo que dependiendo de los resultados de su búsqueda, la actividad tendrá un componente de mediación. Por eso, enfatice que es conveniente que la lengua de negociación entre ellos sea el español, así como la que utilicen para tomar notas.

En cuanto a la presentación, explíqueles que las notas que han tomado deben servir como guión, pero que no se trata de leerlas en voz alta, sino de hablar libremente a partir de ese documento, que les servirá como ayuda. Después de todas las presentaciones, anime a sus alumnos a comentar los robots presentados: ¿les parecen interesantes?, ¿cuál les ha gustado especialmente?, ¿cuál se comprarían?, etc**.**

Escribir un texto sobre un robot imaginario y presentárselo a la clase.

√ **Expresión escrita**

√ **Expresión oral**

√ **Personalización del aprendizaje**

Esta última actividad se construye sobre la anterior. También deben hacer una presentación oral, pero con una dificultad añadida y un producto textual adicional: en este caso deben imaginar su propio robot, diseñarlo y presentárselo al resto de la clase. Además, deben escribir un texto como el que aparece de ejemplo en la actividad.

Asegúrese de que los alumnos escogen a un compañero diferente del que ha sido su pareja en la actividad anterior. Explíqueles el objetivo de la actividad y dígales que pueden utilizar como esquema la misma ficha con la que han trabajado anteriormente. Por supuesto, por tratarse de una actividad de creación, pueden añadir nuevas categorías e inventar las características que deseen.

Para la presentación, dé a escoger diferentes formatos: presentación oral con o sin fotografías, presentación digital, vídeo, póster, etc. Si desea aportar un componente lúdico y variar la tipología textual, puede sugerir a sus alumnos que presenten su robot como si estuvieran haciendo un anuncio para la televisión. En este caso puede ser útil volver a ver la primera parte del vídeo de la unidad 1, *El banco del tiempo*, para tener un ejemplo de algunos de los recursos empleados frecuentemente en este tipo de texto audiovisual, como las preguntas retóricas acerca de los problemas del consumidor y la presentación del producto como solución infalible.

Por último, anime a sus alumnos a votar el robot más útil, gracioso, original o interesante.

02
EL FUTURO SEGÚN LA CIENCIA FICCIÓN

√ **Interacción oral**

√ **Activación de conocimiento del mundo**

√ **Construcción de hipótesis**

Hablar sobre algunas obras clásicas de la ciencia ficción.

Si trabaja con material proyectable, pida a sus alumnos que cierren el libro y proyecte la ficha 7. En ella aparecen las imágenes de las películas de la página 94 y sus títulos desordenados. Vaya pasando las imágenes en galería y pregunte a sus alumnos si saben de qué película se trata, a qué título corresponde.

Si no trabaja con el material proyectable, puede remitirlos a las imágenes del libro y preguntarles si conocen las películas. Anímelos a explicar de qué tratan y compartir otra información que conozcan sobre ellas, y ponga en común, como lluvia de ideas, la información de la que disponen entre todos. Por último, pregúnteles si les gusta la ciencia ficción y anímelos a argumentar su respuesta.

A

Leer un texto sobre la ciencia ficción y opinar sobre su capacidad para predecir el futuro.

 FICHA PROYECTABLE 7

 CE 12, 13, 14

√ **Comprensión de lectura**

√ **Interacción oral**

B

Leer una serie de predicciones sobre el futuro y decir cuáles le parecen posibles a uno.

 FICHAS FOTOCOPIABLES 2, 3

√ **Comprensión de lectura**

√ **Interacción oral**

√ **Competencias pragmáticas (funcional)**

Remita a sus alumnos al título del texto, *El futuro según la ciencia ficción* y pregúnteles si creen que la ciencia ficción puede predecir el futuro. Anímelos a discutir en parejas brevemente tal y como se ilustra en la muestra de lengua. A continuación dígales que el texto introductorio trata de ese tema. Antes de leerlo, puede hacer el ejercicio 12 del Cuaderno de ejercicios. Luego lea el texto con sus alumnos y anímelos a comentarlo. ¿Modifica de alguna manera lo que han expresado antes de leerlo, rectifica o confirma su opinión? Pregúnteles después si conocen a alguno de esos autores, si los han leído o les parecen interesantes.

A continuación, remítalos a la línea del tiempo con las obras de ciencia ficción y explíqueles que se trata de una línea temporal a lo largo de la cual se sitúan grandes obras de la ciencia ficción según la época en la que se desarrolla la trama. A continuación, pídales que lean la situación que se describe para cada una de las obras y pregúnteles si les parece improbable, probable o muy probable que eso pueda llegar a ocurrir algún día. Anímelos a escoger una que les parezca especialmente interesante y a explicar por qué. Puede remitirlos a los andamiajes de la actividad 1C para que los utilicen si lo estiman necesario.

Antes de leer el texto de la página 95 entregue a sus alumnos la ficha fotocopiable 2. Dígales que van a leer un texto titulado *13 predicciones de la ciencia ficción*, pero que antes de hacerlo van a pensar ellos en cuáles pueden ser esas predicciones para los diferentes ámbitos que aparecen en la ficha. Verá que la ficha reproduce el esquema del texto pero se da libertad a los alumnos para que piensen previamente sobre cada uno de los temas.

A continuación, pídales que abran el libro y lean las predicciones que aparecen. ¿Coinciden con algunas de las suyas? Anímelos a observar las diferencias y semejanzas. A continuación, pregúnteles cuáles de ellas les parecen posibles, cuáles muy probables y cuáles imposibles o muy poco probables, y a explicar por qué. Para ello, remítalos a los andamiajes de la actividad y al apartado 7 de la *Agenda de aprendizaje*.

Cuando hayan visto el esquema, explíqueles que van a trabajar en grupos de cuatro. Recorte las tarjetas que aparecen en la ficha fotocopiable 3 y reparta un juego a cada grupo, de forma que cada uno reciba una tarjeta con uno o dos actos de habla. El alumno que ha recibido la tarjeta titulada **Plantear el debate** expresará una hipótesis sobre el futuro. Los demás deberán expresar acuerdo rotundo o parcial, escepticismo o desacuerdo rotundo, según la tarjeta que les haya tocado, y argumentar su posición. Luego, pida a cada alumno que pase su tarjeta al siguiente y repitan la actividad, esta vez con una nueva hipótesis y nuevos argumentos. Al final, todos los alumnos deben haber practicado todos los actos de habla. Mientras conversan, pasee entre los grupos, intervenga en la conversación cuando lo estime conveniente y solucione las dudas que puedan surgir.

7

Conocer recursos para especular sobre el futuro.

FICHA PROYECTABLE 8

CE 27, 28, 29

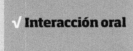

√ **Competencias pragmáticas**

√ **Competencia léxica**

√ **Interacción oral**

En este apartado se presenta un esquema sobre los actos de habla que pueden llevarse a cabo para debatir hipótesis sobre el futuro.

Remita a sus alumnos al esquema y hágales ver la flecha que comienza en el primer acto de habla: plantear el debate, y explíqueles los pasos que tienen lugar en la interacción a partir de ese momento: hay una reacción frente a ese planteamiento, que puede ser de acuerdo total, para lo cual se pueden emplear exponentes funcionales como los que aparecen en la casilla correspondiente (por supuesto, estos son solo algunos de los muchos posibles), y suele seguir una argumentación al respecto. Lo mismo sucede si el acuerdo es parcial o se muestra desacuerdo rotundo. Con múltiples variaciones, el esquema vuelve a empezar cuando se expresa una nueva opinión. Por supuesto, esta es una descripción muy simplificada de los múltiples caminos que puede seguir una conversación, pero consideramos que puede servir como sistematización de cómo se tiende a construir la conversación en este caso.

Si trabaja con las fichas proyectables, muestre ahora la número 8. Señale el círculo en el que aparece la palabra **viajes**, por ejemplo, y afirme: **Yo creo que en el futuro haremos viajes por el espacio**, o haga una predicción similar. Anime a los alumnos a reaccionar utilizando los recursos que acaban de ver en la *Agenda de aprendizaje*. Luego anímelos a trabajar en grupos de tres o cuatro personas y a especular sobre diferentes temas de los que aparece en la ficha. Sugiérales que cada uno escoja un tema sobre el que especular y los demás reaccionen. Luego van cambiando hasta que cubran tantos temas como alumnos hay en cada grupo.

C

Escuchar a tres personas hablando sobre el futuro y conversar sobre ello.

47-49

TRANSCRIPCIÓN

FICHA PROYECTABLE 9

CE 15

√ **Comprensión auditiva**

√ **Interacción oral**

√ **Competencia existencial**

Explique a sus alumnos que van a escuchar tres conversaciones sobre algunos de los temas que han aparecido en esta sección de la unidad y que deben intentar comprender de qué se habla en cada una y qué se dice al respecto. Si tiene la posibilidad y le parece conveniente, proyecte la ficha 9. En ella, las imágenes aportan información acerca de los temas de los que se va a hablar. Si lo estima necesario, trabaje sobre ese vocabulario antes de la escucha. Recuerde a sus alumnos que pueden escuchar cada grabación varias veces. En la primera basta con que se concentren en identificar cuál es el tema de conversación. En la segunda pueden centrarse en los detalles.

Haga luego una puesta en común y pregúnteles a continuación si piensan lo mismo que los hablantes del audio. En este momento será útil remitirlos al apartado 3 de la *Agenda de aprendizaje*. Como ya han practicado la toma de posición y la argumentación, puede hacer esta última parte de la actividad directamente en clase abierta.

Solución

1. Hablan sobre los libros y los CDs en el futuro. Dicen que estará todo en internet.

2. Especulan sobre si será posible comunicarse por telepatía. Creen que sí, pero no les gusta la idea de que todo el mundo sepa lo que piensan los demás. Habrá que aprender a bloquear el pensamiento, será más difícil mentir, etc.

3. Hablan de viajes por el espacio. Se ha inventado una nave en España y ya es posible hacerlo. Les da miedo.

Conocer recursos para reaccionar ante una situación futura o hipotética.

 CE 22, 23

√ **Competencias pragmáticas (funcional)**

√ **Competencia léxica**

En este apartado se aportan nuevos ejemplos de exponentes funcionales para valorar una predicción. Lea con ellos los andamiajes y recuérdeles que son formas de reaccionar ante una situación futura o hipotética, y que por eso se utiliza el condicional, ya que se refieren a algo que podría ser o llegar a darse, pero que no se da en la actualidad. Escriba en la pizarra:

Sería genial/divertido/interesante...
No me gustaría...
A mí me daría miedo...
Yo no me compraría...

Luego anímelos a completar los enunciados individualmente. Luego, propóngales que comparen sus ejemplos con los de otros tres compañeros, en pequeños grupos, e invítelos a compartir al final, libremente, los más curiosos o interesantes de otros compañeros.

Observar la formación y el uso de las oraciones condicionales

 FICHA PROYECTABLE 10

 CE 24, 25, 26

√ **Competencia gramatical**

√ **Observación y reflexión sobre el funcionamiento del sistema formal**

√ **Personalización del aprendizaje**

Si hasta ahora hemos estado refiriéndonos a situaciones hipotéticas del futuro, ahora se trata de pensar en las consecuencias que el cumplimiento de las predicciones anteriores acarrearía.

Escriba en la pizarra: **Nos comunicaremos por telepatía**, y a continuación, la siguiente frase del audio: **Si nos comunicamos por telepatía, a lo mejor no podremos mentir**. Subraye **si nos comunicamos** y **podremos**. Pregunte a sus alumnos: **¿Qué más cambiará si nos comunicamos por telepatía?** y anímelos a continuar la frase con otras posibles consecuencias, utilizando el futuro: **no necesitaremos teléfonos**, **no será necesario hablar**, etc.

Luego explíqueles que se trata de oraciones condicionales en las que el adverbio **si** introduce la condición. En este caso, cuando se piensa que la condición se realizará, en la oración subordinada el verbo está en presente, y en la principal, en un tiempo verbal que expresa futuro, como el futuro de indicativo.

Cuando lo hayan comprendido, anímelos a completar la sección de *Mis ejemplos* con sus propias opiniones sobre las consecuencias que las situaciones hipotéticas contempladas podrían tener. Haga una puesta en común en clase abierta y corrija los fallos gramaticales, puesto que es este el momento de fijar la estructura.

Puede seguir practicando con la ficha proyectable 10. Explíqueles que en ella aparecen algunas predicciones del Consejo Nacional de Inteligencia de Estados Unidos para dentro de 15 o 20 años. Léalas con ellos y anímelos a comentarlas en grupos de tres. Recuérdeles que pueden utilizar los recursos estudiados y pídales que piensen en las posibles consecuencias que se derivarán en el caso de que se cumplan esas predicciones.

D

Redactar un texto sobre una predicción y las posibles consecuencias positivas y negativas que podría tener.

√ **Trabajo cooperativo**

√ **Expresión escrita**

√ **Interacción oral**

CE 16, 17

Para esta última tarea explique a los alumnos que deben ponerse de acuerdo en las tres o cuatro predicciones que les parecen más probables y pensar en las consecuencias positivas y negativas de cada una. Anímelos a trabajar en grupos de cuatro alumnos. Para cada predicción, dos alumnos piensan en las consecuencias positivas y los otros dos en las negativas. Luego, invítelos a poner sus reflexiones en forma de texto, uno por predicción, utilizando los conectores que aparecen en los apartados 10 y 11.

Cuando hayan redactado sus textos, pídales que los cuelguen en las paredes de la clase de forma que todos queden expuestos y anime a los alumnos a pasearse entre ellos para leerlos.

Haga una última puesta en común acerca de cómo ven el futuro. Pida a cada alumno que escriba un número del cero al cinco, donde el cero es muy negativo y el cinco es absolutamente positivo. Luego vaya preguntando uno a uno para que le digan el número que ha escrito, apúntelo en la pizarra y extraigan entre todos la visión general: ¿es un grupo optimista con respecto al futuro o más bien pesimista?

Algunos conectores para unir frases o palabras y para introducir una objeción.

√ **Competencias pragmáticas (discursiva)**

√ **Competencia léxica**

√ **Interacción oral**

 FICHA PROYECTABLE 11

CE 36, 37

En los textos de la unidad han aparecido conectores para unir frases o ideas y para introducir objeciones. Llame la atención de sus alumnos sobre estos fragmentos destacados y sobre los conectores que aparecen marcados en amarillo y anímelos a utilizarlos para redactar el texto de la actividad D.

Explíqueles que **no solo… sino (que)…** introduce un nuevo elemento al que se concede un grado mayor de importancia que al precedente, y tiene por tanto un matiz que no se encuentra en otros conectores como **también** o **y**, que indican una mera adición. En cuanto a los conectores adversativos, se utilizan en este contexto para introducir un contraargumento (**sin embargo**) o relativizar la idea anterior (**en realidad**).

Puede ahora proyectar la ficha 11 y pedirles que, individualmente, continúen cada afirmación utilizando uno o varios de los conectores de la ficha. Luego ponga las frases en común y corrija los errores de uso que puedan darse. A continuación, pídales que trabajen por parejas de la siguiente manera: uno escribe tres afirmaciones incompletas, se las dice a su compañero y él, en ese momento, utilizando uno de los conectores, debe terminarlas. Anímelos a tomar nota de los ejemplos curiosos o interesantes que hayan surgido para compartirlos después con sus compañeros.

Vídeo

√ **Comprensión audiovisual**

√ **Interacción oral**

√ **Competencia existencial**

Ver la segunda parte de un vídeo y comprender una entrevista.

 FICHA FOTOCOPIABLE 4

Recuerde a sus alumnos que al principio de la unidad vieron la primera parte del vídeo sobre AESSBOT, una feria de robótica que se celebra en España. Recuérdeles que escucharon a Ricardo, un ingeniero, hablando sobre Reem, un robot de servicios que tiene diferentes usos. Explíqueles que van a volver a ver el vídeo, pero ahora hasta el final, y dígales que deben intentar comprender de nuevo, esta vez con más detalle, qué opina Ricardo con respecto a la predicción: **En el futuro, los robots tendrán emociones.** En la segunda entrevista habla otro ingeniero, esta vez sobre el futuro de la robótica. Reparta la ficha fotocopiable 4 y anímelos a contestar las preguntas que aparecen en ella. En la columna de la izquierda aparecen preguntas de comprensión del vídeo; en las de la derecha se pregunta por la opinión o la reacción de los alumnos ante lo que se dice en el vídeo. De nuevo, para favorecer la comprensión posterior, lea con ellos las preguntas y anímelos a hablar sobre los temas que plantean antes de reproducir el vídeo. Anote el vocabulario que aparezca y las opiniones que sean interesantes o coincidan en parte con las del vídeo. A continuación, reproduzca el vídeo, dos veces si es necesario, y termine con una puesta en común en clase abierta.

Solución ficha 4

a. Darwin es el campeón del mundo de robots jugadores de fútbol.
b. La inteligencia de un robot y la de un humano serán indistinguibles entre sí, es decir, los robots serán tan inteligentes como los humanos.
c. Sustituir a los humanos en las tareas más aburridas y repetitivas.
d. Los robots al servicio de las personas.

Página de entrada

√ **Competencia léxica**

√ **Aprender a aprender**

Repasar y ampliar el léxico de la página de entrada.

 CE 38, 39

Pida a sus alumnos que, con el libro cerrado, piensen durante dos minutos en todas las palabras y grupos de palabras que recuerden relacionados con la unidad. Luego pídales que abran el libro por la página de entrada y busquen cuántas de ellas se repiten. Asimismo, anímelos a comprobar si han olvidado alguna que les parece importante o, por el contrario, consideran prescindibles algunas de las que aparecen en la página de entrada. Anímelos a discutirlo entre todos.

CUERPO Y MENTE

Mapa de la unidad

PÁGINA DE ENTRADA

CUADERNO DE EJERCICIOS: **1, 2, 3, MIS APUNTES**

VÍDEO

FICHAS PROYECTABLES: **1, 12**

GUAPOS O FEOS

CUADERNO DE EJERCICIOS: **5, 6, 7, 8, 9, 10, 11, 12, 13, 14, 15**

FICHAS PROYECTABLES: **2, 4, 6**

CUERPO SANO, MENTE SANA

CUADERNO DE EJERCICIOS: **16, 17, 18, 19, 20, 21**

FICHAS PROYECTABLES: **7, 9, 10, 11**

FICHAS FOTOCOPIABLES: **2**

AGENDA DE APRENDIZAJE

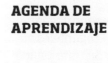

CUADERNO DE EJERCICIOS: **22, 23, 24, 25, 26, 27, 28, 29, 30, 31, 32, 33, 34, 35, 36, 37, 38, 39, 40, 41**

FICHAS PROYECTABLES: **3, 5, 8**

FICHAS FOTOCOPIABLES: **1**

Página de entrada

√ **Activación de conocimientos previos**

√ **Competencia léxica**

√ **Competencia existencial**

Introducir el tema de la unidad a partir del título y de la imagen de la página de entrada.

 FICHA PROYECTABLE 1

 CE 1, 2, 3, 4

Esta es la última unidad del libro y funciona como escala, es decir, como unidad que aglutina y retoma los temas fundamentales de las unidades 5, 6 y 7. El tema escogido para ello es el del aspecto físico, el carácter y el deporte, es decir, cuerpo y mente y la relación entre ambos, tal y como reza el título. En la primera sección se aborda este tema a partir de la discusión sobre qué es la belleza y qué hace atractivo a un ser humano. Aunque se habla de rasgos del aspecto físico, se ha querido enfatizar además la importancia de características de otro tipo a la hora de determinar qué constituye la belleza en una persona, fundamentalmente aspectos relacionados con la personalidad.

Escriba en la pizarra *Mens sana in corpore sano* y pregunte a sus alumnos si conocen esta expresión. Pregúnteles en qué lengua creen que está y qué significa. Se trata de una expresión latina que significa, literalmente, una mente sana en un cuerpo sano, es decir, que hay que cuidar la salud mental y la física por igual. Pregúnteles si existe una traducción o una expresión similar en su idioma.

Con el libro cerrado, pídales que escriban en su cuaderno todo aquello que asocien con las palabras **cuerpo** y **mente**. Luego anímelos a contrastar lo que han escrito con las palabras de la imagen. ¿Se repiten muchas? ¿Echan en falta algunos conceptos en un lugar u otro? Termine con una puesta en común en clase abierta.

01
GUAPOS O FEOS

√ **Competencia existencial**

√ **Competencia léxica**

√ **Interacción oral**

 A

Marcar en un formulario los rasgos que hacen atractiva a una persona y conversar sobre ello.

 FICHA PROYECTABLE 2

 CE 14, 15

En esta actividad se presentan de manera significativa los recursos léxicos para referirse a rasgos del carácter, el físico y la manera de expresarse de una persona. Pregunte a sus alumnos: **¿Qué hace atractiva a una persona? ¿La personalidad? ¿El aspecto físico? ¿La manera de expresarse?** Explique aquello en lo que se fija usted o lo que para usted hace atractiva a una persona, por ejemplo: **Para mí es importante la mirada**. Si trabaja con material proyectable, muestre la ficha 2 y anímelos a distribuir el léxico según si hace referencia a la personalidad, al aspecto físico o a la manera de expresarse. Resuelva las dudas de vocabulario o anime a los alumnos a resolverlas entre ellos, a explicarse mutuamente las palabras que tal vez ellos conozcan y otros compañeros desconozcan, a deducir el significado a partir de su conocimiento de otras lenguas o a consultar un diccionario. Termine con una puesta en común en clase abierta.

A continuación, muestre a sus alumnos las imágenes que aparecen en la página 104 y pregúnteles: **¿Es guapo o guapa? ¿Es atractivo?** Y espere su respuesta. Luego pregúnteles: **¿Por qué es atractivo? ¿Por los ojos? ¿Por la mirada?**, etc. Luego pregúnteles de nuevo: **¿Qué hace atractiva a una persona? ¿En qué os fijáis?** Y amplíe el ejemplo que dio antes, así: **Para mí es importante la mirada; por eso me fijo en los ojos**. Introduzca la construcción verbal **fijarse en algo** y asegúrese de que entienden su significado y cómo se emplea.

A continuación invítelos a cumplimentar los cuestionarios individualmente según sus gustos personales y a marcar qué rasgos de la personalidad, el aspecto físico y la manera de expresarse de una persona son importantes para ellos y en qué grado. Déjeles unos minutos para ello y luego pídales que comenten sus respuestas por parejas. Para proporcionarles herramientas con las que llevar a cabo la interacción oral puede remitirlos al apartado 3 de la *Agenda de aprendizaje*.

Agenda de aprendizaje

3

Conocer recursos para expresar los propios gustos e intereses.

CE 29

√ **Competencias pragmáticas (funcional)**

√ **Competencia léxica**

√ **Observación y reflexión sobre el funcionamiento del sistema verbal**

Para que los alumnos puedan hablar de los rasgos que les parecen importantes en una persona, remítalos a las construcciones verbales **me gustan los/las...** y **me fijo en...**, que usted ya habrá utilizado como ejemplo, probablemente. Diga usted algo como **Yo, cuando conozco a una persona, me fijo en cómo se ríe** y pregunte después a un alumno: **¿En qué te fijas tú cuando conoces a alguien?** Y anímelo a contestar utilizando la expresión **Me fijo en...**
Luego pregunte: **¿Qué tipo de persona te gusta?** Y diga usted, por ejemplo: **A mí me gustan las personas con sentido del humor**. Deje que varios alumnos se pregunten entre sí y contesten alternativamente.

2

Conocer el nombre de las partes del cuerpo.

FICHA PROYECTABLE 3

CE 24, 25, 26, 27, 28

√ **Competencia léxica**

√ **Activación de conocimientos previos**

Si trabaja con material proyectable, muestre la ficha 3. En ella se ve a la bailarina del cuadro de Botero. A partir de la actividad que han hecho anteriormente, anime a sus alumnos a intentar escribir los nombres de las partes del cuerpo en el lugar correspondiente. Si no saben algún nombre, sugiérales que se ayuden los unos a los otros explicando, señalando o utilizando las estrategias que consideren más adecuadas en cada caso.
Si no trabaja con material proyectable, remita a sus alumnos al apartado 2 de la *Agenda de aprendizaje* y observe con ellos las partes del cuerpo que aparecen señaladas en el dibujo. Luego pídales que cierren el libro y trabajen de la siguiente forma: por parejas, uno señala una parte de su cuerpo; el otro debe decir cómo se llama. Luego cambian y continúan así hasta que hayan dicho por lo menos diez partes diferentes.

B

Mirar una serie de imágenes de varias personas y decir cuál de ellas le resulta atractivo a cada uno y por qué.

FICHA PROYECTABLE 4

CE 8

√ **Competencia sociocultural**

√ **Competencias pragmáticas (funcional)**

Si trabaja con las fichas proyectables, muestre la número 4. Si no, remita a sus alumnos a las fotografías de las páginas 102 y 103. Para cada una, pídales que apunten, individualmente, tres palabras. Por ejemplo: **sonrisa**, **pelo**, **mirada**. Cuando lo hayan hecho para todos, pídales que las pongan en común con otros compañeros. ¿Coinciden en algunas? Después pregúnteles si conocen a estas personas. Es probable que algunas les resulten desconocidas, por lo que puede usted hablarles de los personajes que no conozcan o animarlos a investigar sobre ellos en internet. A continuación pídales que hablen en pequeños grupos sobre las personas de las fotografías para comentar cuáles de todas ellas les parecen las más guapas o atractivas. Remítalos a los andamiajes que aparecen en la actividad: *me parece*, *me resulta*, *tiene*, etc. En este momento es recomendable remitir a sus alumnos al apartado 1 de la *Agenda de aprendizaje*.

Luego haga una puesta en común para ver cuál o cuáles de todos ellos son los que resultan más atractivos. Si es interesante, a partir del resultado puede analizar también qué rasgos son los que parecen llamar más la atención y despertar más interés entre sus alumnos. A continuación presentamos información básica sobre cada uno de ellos:

1. Pedro Infante:
Fue un actor y cantante mexicano de la Época de Oro del Cine Mexicano (1935-1968), así como uno de los grandes representantes de la música ranchera.

2. Adam Rodríguez:
Adam Michael Rodríguez es un actor y director estadounidense. Es conocido especialmente por su papel como Eric Delko en *CSI: Miami*.

3. Jennifer López:
Es una actriz, cantautora, bailarina y diseñadora de moda estadounidense de origen puertorriqueño. Con sus primeros siete discos vendió cerca de 50 millones de álbumes. También se la conoce como J.Lo. Según la revista *People* es la artista latina con mayor influencia en Estados Unidos. En 2011 fue elegida por esa misma revista como la mujer más bella del mundo.

4. Miguel Ángel Solá:
Es un prolífico actor argentino de teatro y cine. Ha participado en casi 50 películas y ha recibido numerosos premios. En *El amor y el espanto*, de Juan Carlos Desanzo, interpreta al escritor argentino Jorge Luis Borges. También ha aparecido en *El exilio de Gardel, Sur*, de Fernando Solanas o *Tango*, de Carlos Saura.

5. Esther Cañadas:
Es una modelo española. Ha aparecido en campañas de Versace, Gianfranco Ferré, Donna Karan y DKNY.

6. Zoe Saldana:
Es una actriz estadounidense. Se hizo famosa por su papel de Anamaría en *Piratas del Caribe: La maldición de la perla negra*, y de Uhura en *Star Trek* (2009). También fue protagonista en la película *Avatar*, de James Cameron.

7. Leonardo Sbaraglia:
Es un actor argentino nacido en 1970. Ha trabajado en cine y televisión en todo el mundo hispano y ha recibido varios premios. Es uno de los pocos actores argentinos que ha trabajado en Hollywood. Algunas de sus películas más recientes son *Una pistola en cada mano* y *Días de vinilo*. En *Luces rojas*, de Rodrigo Cortés, actúa junto a Robert De Niro y Sigourney Weaver.

8. Eva Mendes:
Es una actriz y modelo estadounidense de ascendencia cubana. Como actriz, ha participado en películas como *Hitch* o *Ghost Rider*.

9. Ángela Molina:
Es una de las actrices más representativas de la transición española. Ha rodado más de 100 películas y ha trabajado con directores como Luis Buñuel en *Ese oscuro objeto del deseo*, o Pedro Almodóvar en *Los abrazos rotos*.

10. Sara Montiel:
Fue una actriz de cine y cantante española. Está considerada como uno de los mitos más importantes del espectáculo en habla hispana, tanto por sus éxitos en el cine como en la música. Protagonizó la película más taquillera de la historia del cine español, *El último cuplé*, de 1957.

11. Miguel Ángel Silvestre:
Es un actor español conocido por su papel de Rafael "El duque" en la serie de televisión *Sin tetas no hay paraíso*.

12. Benicio del Toro:
Es un actor y productor puertorriqueño nacionalizado español. Ha recibido varios Oscar y Globos de Oro y el premio al mejor actor en el Festival de Cannes. Ha participado en películas como *Sospechosos habituales*, *Traffic*, *Sin City* o *Che, el argentino*, entre otros.

13. Xabi Alonso:
Es un futbolista español. Su actual equipo es el Real Madrid. Ocasionalmente trabaja también como modelo.

Conocer las combinaciones léxicas más frecuentes para describir a una persona.

FICHA PROYECTABLE 5

CE 22, 23

√ **Competencia léxica**

√ **Activación de conocimientos previos**

√ **Expresión escrita**

En la actividad A sus alumnos han utilizado vocabulario relacionado con el aspecto físico y el carácter. En este apartado de la *Agenda de aprendizaje* se sistematizan algunas de las colocaciones y las combinaciones léxicas más habituales y rentables para describir el aspecto físico de una persona. Si bien algunos de los recursos como **tener los ojos negros, ser delgado, estar moreno o llevar bigote** son ya - probablemente - conocidos, se añaden otros que posiblemente sean nuevos.

Puede ser recomendable abordar cada verbo junto con las combinaciones en las que aparece y comenzar en cada caso por lo conocido. Para ello, si trabaja con el material proyectable, muestre la ficha 5 y anímelos a completarla entre todos con las combinaciones que conocen o se les ocurren. Luego llame su atención sobre el uso del artículo determinado o indeterminado en la descripción física. Hágales notar que el artículo determinado se utiliza cuando describimos (**tiene los ojos azules / la cara redonda**, etc.), mientras que el indeterminado se usa cuando valoramos (**tiene unos ojos preciosos / una cara muy expresiva**, etc.).

En el caso de las combinaciones que se construyen con el verbo **ser**, se añaden algunas como **no ser ni alto ni bajo, ser más bien feo**, pero la mayor parte de los recursos serán ya conocidos. En lo que se refiere al verbo **estar**, recuérdeles que con él se describe el aspecto de una persona en el momento en el que el hablante está hablando. Si alguien se refiere a una persona diciendo que **está delgado**, quiere decir que ha adelgazado desde la última vez que lo vio, que no responde a su aspecto o peso habitual, etc. Si se dice de una persona que **está guapa** es que en ese momento tiene buen aspecto.

Por último, entre las colocaciones con el verbo **llevar** aparecen dos nuevas: **llevar el pelo rapado** y **llevar rastas**, pero, en principio, no deberían suponer dificultad adicional de comprensión para los alumnos.

Será interesante explicar a los alumnos el uso que se hace de los diminutivos en este contexto. Normalmente, aquellos adjetivos que se consideran peyorativos en mayor o menor manera suelen utilizarse en diminutivo, puesto que este añade un matiz expresivo que suaviza ese carácter negativo. Así, es muy habitual escuchar **es feíllo** o **es bajito**.

Por último, pida a sus alumnos que describan a un conocido o a un compañero de clase. Es importante que describan a esa persona con todos los detalles que sean capaces de recordar. Mientras escribe, pasee por las mesas para ayudarlos a resolver dudas que puedan surgir.

C

Juzgar el atractivo de varias personas.

√ **Interacción oral**

√ **Personalización del aprendizaje**

Pida a sus alumnos que piensen individualmente en al menos dos mujeres y dos hombres famosos que les parezcan atractivos y anoten al lado de cada uno qué factores son importantes para ellos a la hora de valorarlos como tal. Recuérdeles que pueden referirse a rasgos del aspecto físico, de la personalidad y de la manera de expresarse. Pídales que busquen personas que les parezcan atractivas por motivos diferentes, si es posible, de forma que la puesta en común con otros compañeros sea después más rica. Si todos escogen a personas que cumplen a rajatabla con los cánones de belleza actuales, es posible que la actividad dé menos de sí que si las personas elegidas son más variadas. Una vez hayan escogido a las personas de las que van a hablar y hayan anotado por qué los consideran atractivos, invite a los alumnos a trabajar en parejas o pequeños grupos. Asimismo, si lo estima conveniente, puede preguntar primero a los alumnos por sus elecciones y pedirles luego que trabajen con personas cuyas elecciones sean muy diferentes a las suyas. Termine con una puesta en común y anime al resto de los alumnos a decir si coinciden con la opinión de sus compañeros y por qué.

D

Escuchar a varias personas que dan su opinión sobre el atractivo de otras.

√ **Comprensión auditiva**

√ **Interacción oral**

 50-53

 TRANSCRIPCIÓN

 FICHA PROYECTABLE 6

Diga a sus alumnos que van a escuchar cuatro diálogos, en cada uno de los cuales se habla de una de las personas que aparecen en las fotografías de las páginas 102 y 103. Explíqueles que deben intentar comprender de quién hablan en cada caso y qué les parece. Puede proyectar la ficha 6 para introducir un paso intermedio en la actividad: en ella, los alumnos solo tienen que detectar en qué aspectos de la persona se fijan los hablantes y cuáles mencionan. Puede servir como preparación para la siguiente actividad, la propuesta en el libro, que es más abierta.
Recuérdeles que pueden escuchar cada pista varias veces. Antes de la puesta en común, anímelos a comentar sus respuestas con un compañero y pregúnteles si necesitan escuchar una vez más la conversación. Para terminar, pregúnteles si están de acuerdo con lo que dicen los hablantes sobre cada famoso.

√ **Comprensión de lectura**

√ **Interacción oral**

√ **Competencias pragmáticas (funcional)**

Solución

1. Miguel Ángel Silvestre.

La mujer dice que tiene una mirada bonita. El hombre dice que es elegante y atractivo, le queda muy bien el esmoquin, tiene una mirada y una sonrisa bonitas.

2. Miguel Ángel Solá.

El hombre dice que tiene una mirada interesante y una belleza madura. La mujer dice que es fabuloso, impresionante, tiene una forma de andar...*, mucha presencia, le parece muy atractivo.

3. Zoe Saldana.

El primer hombre dice que es guapa, casi perfecta . El segundo hombre cree que es demasiado delgada, tiene unos rasgos muy exóticos y no es un modelo de chica real.

4. Jennifer López.

El hombre dice que es guapa, sexy, está tremenda**.

La mujer dice que le parece sexy, pero no guapa, tiene unas curvas impresionantes y se mueve muy bien.

* Puede señalar que en la lengua oral los anacolutos son muy frecuentes y el carácter positivo o negativo de la valoración se deduce por el contexto.

** Este exponente de valoración positiva no aparece en la unidad ni es del nivel, pero se ha respetado por ser la producción espontánea de un hablante nativo.

Leer un texto sobre la belleza y decir qué información le parece cierta a cada uno.

 CE 5, 6, 7

Un aspecto muy interesante de la belleza y el atractivo es cómo este puede significar una ventaja social para quienes lo poseen y una desventaja para quienes carecen de él. Pregunte a sus alumnos si creen que ser guapo o atractivo es una ventaja y anímelos a discutir sobre el tema. Pregúnteles, por ejemplo, si creen que ser guapo puede ayudar a encontrar trabajo o a tener más amigos, si consideran que se le da una importancia excesiva a la belleza en el ser humano y, en caso de que sea así, qué problemas se derivan de este hecho. Tenga en cuenta que al hacer estas preguntas está despertando su interés por los aspectos que se tratan en el texto.

Una vez hayan discutido sobre estos temas, remítalos al texto de la página 102 y pídales que contrasten sus opiniones con la información que figura en él. Anímelos a leer en solitario, marcando aquello que les llame la atención, aquello con lo que estén de acuerdo, lo que les parezca verdad y lo que no. Solucione las dudas de vocabulario y remítalos después a los andamiajes de la actividad: **es verdad/cierto que** + verbo en indicativo; **no es verdad/ cierto que** + verbo en subjuntivo. Remítalos en este punto al apartado 6 de la *Agenda de aprendizaje*.

Anímelos después a poner sus ideas en común en pequeños grupos y avíseles de que luego les preguntará por las tendencias o conclusiones generales. En la puesta en común en clase abierta pregunte a cada grupo por su conclusiones.

6

Sistematizar los usos del subjuntivo y el indicativo para afirmar, negar o valorar.

FICHA FOTOCOPIABLE 1

CE 37, 38, 39

√ **Competencia léxica**

√ **Competencia gramatical**

√ **Observación y reflexión sobre el funcionamiento del sistema formal**

Remita a sus alumnos a los exponentes para afirmar, negar, valorar o influir en otra persona, y a su combinación con verbos en indicativo o subjuntivo. Hágales ver que las expresiones que aparecen entre paréntesis son aquellas con las que se afirma, y son las únicas de toda la página que requieren que el verbo que sigue esté en subjuntivo. El resto de exponentes funcionales, sean para negar, valorar o influir en otra persona, rigen un verbo en subjuntivo.

Léalos con ellos y después invítelos a escribir sus propios ejemplos sobre el tema de la belleza. Reparta después la ficha fotocopiable 1 y pídales que den forma de texto a sus ejemplos. Para ello, invítelos a utilizar los conectores que estudiaron en la unidad 7 (**y**, **también**, **además**, **no solo... sino**, **en realidad**, **sin embargo**, etc.).

F

Discutir acerca de un lugar común sobre la belleza.

CE 9, 10, 11, 12, 13

√ **Competencia existencial**

√ **Interacción oral**

√ **Competencias pragmáticas (funcional)**

Existen muchos dichos y refranes sobre la belleza, y en esta actividad se va a trabajar sobre ellos. Escoja uno de los que aparecen en la actividad y escríbalo en la pizarra. Por ejemplo: **Para presumir, hay que sufrir**. Pregunte a sus alumnos si entienden el significado y ayúdelos a comprender a qué se refiere. Se refiere al hecho de que hay que cultivar el aspecto físico para que este responda a los cánones de belleza, por ejemplo con tratamientos cosméticos que cuestan tiempo y dinero y causan a veces dolor. Pregúnteles entonces si están de acuerdo con este dicho y anímelos a utilizar los recursos para afirmar y negar que acaban de ver en el apartado 6 de la *Agenda de aprendizaje*. Por ejemplo: **No es verdad que haya que sufrir** o **yo creo que eso se refiere solo al aspecto físico y me parece un dicho muy pobre**, etc.

A continuación, muéstreles los otros dichos y refranes que se incluyen en la actividad, léalos con ellos y ayúdelos a entender a qué se refieren exactamente. El refrán **aunque la mona se vista de seda, mona se queda** significa que una persona no cambia en lo esencial aunque se adorne por fuera. Por su parte, **el hombre y el oso, cuanto más feo, más hermoso** alude a la belleza masculina y señala que la virilidad y el atractivo masculinos no dependen de la belleza física. Pregunte a sus alumnos si existen dichos o refranes similares a estos en sus lenguas y anímelos a comentarlos.

A continuación, explíqueles que van a trabajar por grupos: deben escoger uno de estos lugares comunes, discutir sobre él y presentar su opinión al resto de la clase. Es importante que cada grupo se refiera a lo que ha dicho el anterior, de forma que se dé una interacción real y una escucha significativa por parte de todos los grupos. Para que puedan realizar la actividad, muéstreles los andamiajes y resuelva las posibles dudas.

Termine con una puesta en común en clase abierta y, si lo estima conveniente, puede hacer un resumen o conclusión final de las opiniones expresadas por los grupos y la forma de pensar de la clase con respecto a la belleza. ¿Hay opiniones muy diversas o se da una cierta homogeneidad? ¿Qué es lo que más se valora y por qué? ¿Qué valor de belleza impera entre los miembros del grupo?, etc.

02
CUERPO SANO, MENTE SANA

√ **Competencia existencial**

√ **Interacción oral**

√ **Trabajo cooperativo**

A

Hacer una lista común de argumentos a favor y en contra de la práctica del deporte.

FICHA PROYECTABLE 7

Recuerde a sus alumnos que el título de esta unidad es *Cuerpo y mente*. Anímelos a participar en una lluvia de ideas sobre las cosas que se pueden hacer para tener una mente sana y un cuerpo sano. Seguramente, una de las actividades que nombrarán será hacer deporte. Pregúnteles entonces si hacen deporte y con qué regularidad, y anímelos a hablar de ello por parejas. Apunte en la pizarra vocabulario que vaya surgiendo y puedan necesitar para hablar de ello: **gimnasio, competición, deportes de equipo**, etc. A continuación remítalos a las fotografías de la página 106 o muestre la ficha proyectable 7 y anímelos a decir todo lo que puedan sobre ellas: el nombre del deporte, si lo han practicado alguna vez, si les gusta verlo, si les interesaría probarlo, si les parece un buen ejercicio, deportistas famosos que lo practican, etc. Pídales entonces que lean el texto introductorio de la página 107 y que subrayen las ideas que hablan en favor de la práctica del deporte y las que hablan en contra, y que las clasifiquen en una tabla como la de la actividad A. Muéstreles los ejemplos que aparecen en el libro y anímelos a pensar por parejas en otros ejemplos. En este punto puede remitirlos al apartado 4 de la *Agenda de aprendizaje*.

4

Conocer algunas combinaciones léxicas habituales para hablar de la salud.

√ **Competencia léxica**

√ **Interacción oral**

√ **Personalización del aprendizaje**

FICHA PROYECTABLE 8

CE 30, 31

Para referirse a los beneficios y los inconvenientes de hacer deporte sus alumnos van a necesitar los recursos que aparecen en este apartado. Lea de nuevo el ejemplo de la actividad 2a, **es bueno para el corazón**, y subraye **es bueno para**. Pregúnteles: ¿**Para qué otras cosas es bueno el deporte?** y espere que contesten: **la salud, la espalda, el estrés**, etc. Luego dígales que hay hábitos de vida que son perjudiciales para la salud, como trabajar diez horas al ordenador. Pregúnteles: ¿**Sabéis para qué es malo trabajar tantas horas al ordenador?** y espere a que le contesten que es malo para los ojos o para la espalda. Entonces dígales: **Yo tengo problemas de espalda. ¿Sabéis qué va bien para el dolor de espalda?** Y espere que le den propuestas como la natación, los masajes, etc. Por último, pregúnteles si alguno de ellos ha sufrido alguna vez un accidente o una lesión haciendo deporte y anímelos a contárselo al resto de la clase.

Remítalos entonces a la *Agenda de aprendizaje* y lea con ellos las series de combinaciones léxicas frecuentes relacionadas con la salud. Aclare las dudas de vocabulario que puedan quedar. A continuación, para practicar los recursos de manera significativa, puede trabajar con la ficha proyectable 8. Lea con ellos las preguntas y anímelos a hablar sobre ellas en grupos de tres. Recuérdeles que pueden utilizar los recursos que acaban de aprender. Mientras realizan la actividad, pasee por las mesas y resuelva dudas, intervenga cuando lo considere necesario y corrija los errores más frecuentes.

B

Leer dos textos y expresar acuerdo o desacuerdo con las opiniones que se expresan en ellos.

√ **Comprensión de lectura**

√ **Expresión oral**

√ **Competencia existencial**

 CE 16, 18, 19, 20

Con el trabajo realizado hasta ahora, sus alumnos ya deberían estar sensibilizados sobre los beneficios y los inconvenientes de practicar deporte. Dígales que los textos de la página 107 recogen las opiniones de dos personas sobre este tema. Una de ellas está a favor de la práctica del deporte y la otra en contra.

Pida a sus alumnos que formen parejas. Cada uno de ellos deberá escoger uno de los textos y leerlo. Pídales que subrayen las ideas más importantes y reflexionen sobre si están de acuerdo o no, o con qué ideas del texto están de acuerdo y con cuáles no. El otro miembro de la pareja hará lo mismo con el suyo y luego cada uno resumirá su texto al otro. Deberán discutir sobre las ideas de ambos, decidir con cuál están más de acuerdo y por qué. Recuérdeles que en este punto les serán útiles los recursos que han visto en el apartado 6 de la *Agenda de aprendizaje*.

A continuación, pregunte a sus alumnos cuántos de ellos están más de acuerdo con Magda Hernández y cuántos con Enrique Sanjuán. Divídalos en dos grupos según su opinión y pida a cada grupo que escriba cinco razones por las cuales se debe practicar deporte o, en su caso, cinco razones por las que no se debe practicar. Pida a un miembro de cada grupo que lea su lista para el resto de la clase y anímelos a discutir sobre cuáles son las razones más convincentes.

C

Escuchar a tres personas que dan su opinión sobre el deporte y expresar acuerdo o desacuerdo con ellas.

√ **Comprensión auditiva**

√ **Interacción oral**

 FICHA PROYECTABLE 9

 CE 17, 21

Diga a sus alumnos que van a escuchar tres conversaciones en las que unas personas dan su opinión sobre el deporte. Muéstreles la tabla de la actividad y anímelos a completarla con el nombre del deporte del que se habla, la opinión del hablante y su grado de acuerdo con ella. Si lo prefiere, puede proyectar antes la ficha 9 y trabajar con la explotación que se plantea en ella. Recuerde a sus alumnos que las imágenes aportan pistas sobre el contenido de los audios.

Ponga en común la parte de comprensión, es decir, de qué deporte se habla y qué opina el hablante sobre el deporte. Después, dígales que van a expresar su grado de acuerdo con dichas opiniones, y que deberán justificar su postura. Para ello, remítalos al apartado 5 de la *Agenda de aprendizaje*, donde se presenta un esquema que sistematiza los actos de habla que pueden llevarse a cabo durante un debate.

Solución

1. Natación. El deporte hay que hacerlo solo.

2. Aikido. Lo más importante del deporte es el efecto que tiene sobre la mente (tranquilizar, relajar, liberar tensiones).

3. Fútbol. El deporte tiene que ser algo con lo que te diviertes. Los deportes, cuando realmente se disfrutan es cuando estás con la gente haciendo algo que te gusta.

5

Conocer los recursos más importantes para debatir sobre ideas y opiniones.

 FICHA PROYECTABLE 10

 CE 32, 33, 34, 35, 36

√ **Competencias pragmáticas (funcional)**

√ **Competencia léxica**

Como es habitual en la sección titulada *Construir la conversación,* se presenta aquí un esquema que pretende ilustrar el mecanismo de funcionamiento de un texto oral de carácter argumentativo, en este caso un debate. Sus alumnos ya vieron un esquema muy similar en la unidad 7, en ese caso para especular sobre el futuro. Se inicia el debate cuando el hablante plantea una opinión, bien como propia, bien como si se tratara de una evidencia. Otro hablante reacciona expresando su acuerdo (rotundo o en parte), escepticismo o desacuerdo. En cualquier caso, argumenta su posición y emite una nueva opinión, a la que el hablante o los otros hablantes reaccionan, y se reanuda así el ciclo.

Haga ver a sus alumnos que ya conocen la mayoría de los exponentes, puesto que los han ido viendo a lo largo de la unidad, y que de lo que se trata en este apartado es de ordenarlos, de mostrar las relaciones, tanto jerárquicas como de secuencia, que existen entre ellos. Parar trabajar con este esquema puede proyectar la ficha 10.

 D

Escribir una opinión sobre el deporte y reaccionar por escrito ante las opiniones de los demás.

 FICHA PROYECTABLE 11

 FICHA FOTOCOPIABLE 2

√ **Expresión escrita**

√ **Interacción oral**

√ **Personalización del aprendizaje**

√ **Trabajo cooperativo**

La clase está ahora preparada para debatir -en este caso por escrito- sobre alguno de los temas que han surgido alrededor del deporte. Remita a sus alumnos a la actividad D y explíqueles que van a debatir sobre los temas que se presentan resaltados en negrita. Léalos con ellos y aclare las dudas. Anímelos a escoger un tema, de forma que cada uno tenga que opinar sobre uno de ellos. Si tiene muchos alumnos, puede proponerles nuevos temas de discusión, de forma que no se repita ninguno, o sugerirles que sean ellos los que propongan otros.

A continuación, reparta la ficha fotocopiable 2. Explíqueles que deben escribir su nombre en la columna de la izquierda y su opinión en la de la derecha. Cuando terminen, deberán pasar la ficha al alumno que está a su lado, quien deberá leer la opinión anterior y escribir su reacción en la siguiente fila. El tercero deberá leer las opiniones anteriores y referirse a alguna de ellas, y así sucesivamente hasta que la hoja regrese al alumno que escribió primero en ella. Se trata de una dinámica similar a la que realizaron en la unidad 6, por lo que ya estarán familiarizados con ella.

Si trabaja con material proyectable, puede tener proyectada la ficha 10 con los exponentes para debatir. Además, si lo estima conveniente, puede proponer un debate en abierto, entre toda la clase, sobre el tema que se plante en la ficha proyectable 11 a partir de un anuncio de una marca de cosméticos. Proyecte la imagen del anuncio y el grafiti que aparece a su lado y anímelos a debatir sobre ello entre toda la clase. Para preparar el debate permita que cada alumno anote primero los argumentos a favor de una postura u otra y luego escoja a un alumno para que actúe como moderador. Si el grupo es muy numeroso, puede dividirlo en dos y organizar dos debates paralelos.

Página de entrada

√ **Competencia léxica**

√ **Aprender a aprender**

√ **Trabajo cooperativo**

Diseñar entre todos una página de entrada que recoja el vocabulario más importante del curso.

 FICHA PROYECTABLE 12

 CE 40, 41

Como sus alumnos han llegado al final del libro, puede proponerles la siguiente actividad de práctica de léxico global y trabajo estratégico: Escriba en la pizarra la palabra **bitácora** y pregúnteles si recuerdan qué es una bitácora o un cuaderno de bitácora. Luego anímelos a hojear todo el libro y todas las páginas de entrada y a decidir, por parejas o en grupos de tres qué imagen podría tener una nube léxica global y qué léxico incluirían en ella. Luego haga una puesta en común y comenten las diferentes propuestas. También puede proyectar la ficha 12 y animar a los alumnos a hacer entre todos una nueva nube léxica de la unidad o de las últimas cuatro unidades.

FICHAS
FOTOCOPIABLES

Escucha las entrevistas y completa la tabla.

	¿Desde cuándo es socio?	¿Qué ofrece?	¿Qué ayuda ha recibido o recibe habitualmente?	¿Cómo valora la experiencia?
José Antonio				
Marisa				
Inés				

BITÁCORA 3

Relaciona cada situación de la izquierda con la frase de la derecha que le corresponde.

a. El dueño de un restaurante necesita personal para el fin de semana.
b. Eugenia necesita que Juanjo la ayude con la mudanza.
c. Juanjo le dice a Paula que tiene mucho estrés.
d. Paco y Bea quieren ir a pasar una semana a París, pero los hoteles son muy caros.
e. Ignacio tiene mucha hambre y no tiene tiempo para volver a casa antes de entrar en clase.
f. Quique quiere invitar al cine a Inés, una amiga de Marcos.

1. Podrías probar el yoga.
2. ¿Podrías prestarme 5 euros?
3. Yo, a cambio, podría ayudarte con el examen de economía.
4. Oye, Marcos, ¿podrías darme el teléfono de Inés?
5. Podríais intercambiar vuestra casa con alguien de allí.
6. ¿Tú podrías trabajar este sábado?

Escoge una de las situaciones y representa el diálogo con uno o más compañeros. Si lo preferís, podéis escribir primero el guión. Los compañeros deben daros su opinión después y decir si les ha parecido auténtico, divertido, lógico, etc.

BITÁCORA 3

Ofrezco...

Necesito...

Nombre	Da	Recibe	Número de horas en su talonario

Escucha las entrevistas y completa la tabla.

	Aspectos positivos	Aspectos negativos	¿Le gustaría cambiar de trabajo?	¿Qué le gustaría hacer?
Mónica				
Teresa				
Xel				
Carla				

Vas a ver dos entrevistas sobre el futbolchapas. Lee las preguntas y marca la opción correcta.

1

1. ¿Cuál es el objetivo de la federación de futbolchapas?
a. Difundir este deporte.
b. Convertirse en organización internacional.
c. Pasarlo bien.

2. Al principio...
a. jugaban los alumnos de un colegio en el patio.
b. jugaban pocas personas en un local sencillo.
c. no le interesaba a nadie.

3. ¿Juegan mujeres al futbolchapas?
a. Sí.
b. No.

2

1. ¿Cuándo comenzó el hombre a jugar a las chapas?
a. Hace diez años.
b. En 1978.
c. En 2008.

2. ¿Dónde comenzó el chico a jugar por primera vez?
a. En un club de futbolchapas.
b. En casa.
c. En su pueblo.

3. ¿Quién lo ayudó a entrar en la asociación?
a. Su hermano, porque era socio.
b. Su hermana, porque la encontró en internet.
c. Su madre, que era la presidenta de la asociación.

Escucha las conversaciones y completa la tabla.

	¿Qué compran?	¿Por qué?	¿Lo han comprado ya?	¿Qué otros juguetes nombran?
1				
2				
3				

 BITÁCORA 3   © Emilia Conejo y Difusión Centro de Investigación y Publicaciones de Idiomas S.L. (2013)

Escucha las conversaciones y completa la tabla.

	Nombre del juego	Material necesario	Cómo se juega
1			
2			
3			

BITÁCORA 3   © Emilia Conejo y Difusión Centro de Investigación y Publicaciones de Idiomas S.L. (2013)

Vamos a jugar al tutti frutti.

Letra	Nombres propios	Países	Alimentos	Animales	...
L	Luis				

BITÁCORA 3

Los chinos

- ¿No sabes jugar a los chinos?
- Pues no.
- Bueno, pues, mira, voy a intentar explicártelo. Tengo unas monedas aquí. Yo tengo tres monedas y tú otras tres.
- Vale, otras tres.
- ¿Vale? Entonces los dos nos ponemos las manos atrás y sacamos una mano cerrada...
- Sí.
- ...con una, dos, tres o ninguna moneda dentro.
- Ah, vale.
- Y entonces tenemos que adivinar, cada uno, por turnos, cuántas monedas puede ser que tengamos.

Las películas

- Pues nada, estuvimos jugando a las películas.
- ¿A las películas?
- Sí.
- ¿Viendo películas o qué?
- No, no, a adivinar películas. ¿No has jugado nunca?
- No.
- Bueno, pues se trata de... una persona piensa una película y los demás tienen que adivinarla.
- Y ¿cómo?, ¿cómo lo adivinan los demás?
- Pues la adivinan porque la persona tiene que hacer, con gestos, sin decir ninguna palabra, solo gestos o el mimo, pues tiene que interpretar la película. Y como no puedes hablar, pues al final acaban saliendo....
- ¿Sí?
- ...muchas tonterías, sí.
- Es divertido. Suena divertido...
- Sí, entonces puedes dar pistas. Pues, por ejemplo, puedes decir, vale, si dices: "pues tiene tres palabras". Entonces ya la gente sabe que tiene tres.

Tutti frutti

- Oye, Javier, ¿tú te acuerdas del tutti frutti?
- ¿El tutti frutti? Pues no. ¿Qué es, un postre?
- No, hombre. Un juego al que jugábamos de pequeños, no... ¿no sabes cuál es?
- No me suena, no me suena.
- Sí, a ver, que tienes una hoja, escribes diferentes categorías de cosas: marcas de coches, no sé, marcas de cualquier cosa, frutas, verduras... Y alguien dice una letra y entonces cada uno va completando cada categoría con una palabra. Y el que acaba primero dice: "¡Tutti frutti!". ¿No... no jugabas de pequeño?
- Pues, ahora que lo dices, yo creo que sí, pero lo llamábamos distinto. Yo creo que nosotros lo llamábamos "ensaladilla rusa".

BITÁCORA 3

Completa las series.

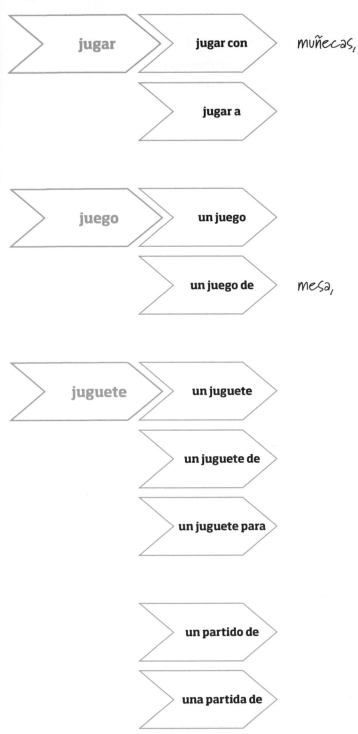

jugar

jugar con — muñecas,

jugar a

juego

un juego

un juego de — mesa,

juguete

un juguete

un juguete de

un juguete para

un partido de

una partida de

1

Ordena estas cosas según su orden de aparición en el vídeo.

☐ **Una escuela de cocina**

☐ **Un mercado**

☐ **Ferran Adrià y Gastón Acurio se encuentra en el aeropuerto.**

☐ **Un chico juega al fútbol en una plaza de Lima**

☐ **Las ruinas incas de Machu Picchu**

☐ **Un barrio popular, pobre**

☐ **Alimentos de la cocina tradicional peruana**

☐ **Ferran Adrià prueba el plato de un estudiante**

☐ **Un congreso de gastronomía**

☐ **Viaje en tren a Los Andes**

☐ **Mujeres de varias generaciones preparan platos tradicionales**

☐ **El río Amazonas y la Amazonía peruana**

☐ **Pescadores**

2

Después de las imágenes que has visto, ¿cómo crees que es Perú? ¿Qué cosas te llaman la atención?

3

Ahora vas a volver a ver el vídeo, pero esta vez con sonido. Contesta estas preguntas.

a. ¿Qué factores son importantes en la cocina peruana? Márcalos. Luego añade al lado qué se dice sobre ellos.

variedad ☐ ....

creatividad ☐ ....

riqueza ☐ ....

esfuerzo ☐ ....

diversión ☐ ....

tradición ☐ ....

compromiso ☐ ....

responsabilidad ☐ ....

frescura ☐ ....

simpleza ☐ ....

alegría ☐ ....

b. Tres chicos hablan de su pasión por la cocina. ¿Qué dice cada uno? ¿Qué testimonio te parece más interesante?

Carmen Chuica: ....

....

Renzo Peña: ....

....

Alessandra Gonzales: ....

....

c. Según Gastón Acurio, ¿para qué se utiliza el poder de la cocina? ¿Qué crees que quiere decir?¿Estás de acuerdo?

....

....

....

BITÁCORA 3 © Emilia Conejo y Difusión Centro de Investigación y Publicaciones de Idiomas S.L. (2013)

Plato o producto	Qué es	Está hecho de... / Lleva...	Qué más sabemos

	Historia	Usos	Propiedades	Consejos	...
Aceite de oliva					
Legumbres					
Ajo					
Jamón					
Tomate					
Bacalao					

Relaciona las imágenes con los alimentos que representan.

bacalao	**tomates**	**ajo**	**aceitunas**	**salsa de tomate**
aceite de oliva	**gazpacho**	**gulas**	**jamón serrano**	**calamares**
garbanzos	**ensalada**	**pulpo en aceite**	**lentejas**	**judías**

Escucha las conversaciones y completa las fichas.

ANABEL

QUÉ ALIMENTO TIENE SIEMPRE:

QUÉ HACE CON ELLO:

OTRA INFORMACIÓN:

NURIA

QUÉ ALIMENTO TIENE SIEMPRE:

QUÉ HACE CON ELLO:

OTRA INFORMACIÓN:

TOMÁS

QUÉ ALIMENTO TIENE SIEMPRE:

QUÉ HACE CON ELLO:

OTRA INFORMACIÓN:

YO

QUÉ ALIMENTO TENGO SIEMPRE:

QUÉ HAGO CON ELLO:

COINCIDO CON:

Imagina los diálogos de cada viñeta y escríbelos.

Continúa los enunciados con una justificación.

No me sirvas vino, que...

Hablamos más tarde, que...

Dime a qué hora llega tu avión, que...

....

Tenemos que empezar a preparar la cena, que..............................

....

Me voy a dar un paseo, que...

Abre la ventana, por favor, que...

Trabaja con un compañero y piensa en un posible contexto para cada frase.

Entre los dos, escoged una situación, pensad en un posible diálogo en el que aparezca la frase y representadlo ante el resto de compañeros.

BITÁCORA 3

Vamos a evaluar las escenas de las fiestas de los compañeros (1 = no, en absoluto; 4 = sí, totalmente).

Escena 1	1	2	3	4
¿Es creíble?				
¿Está bien interpretada?				
¿Se nota conocimiento de las costumbres del país?				
¿Cae en los estereotipos?				
¿Se utiliza una lengua adecuada a la situación?				
¿Se entiende bien?				
...				

Escena 2	1	2	3	4
¿Es creíble?				
¿Está bien interpretada?				
¿Se nota conocimiento de las costumbres del país?				
¿Cae en los estereotipos?				
¿Se utiliza una lengua adecuada a la situación?				
¿Se entiende bien?				
...				

Escena 3	1	2	3	4
¿Es creíble?				
¿Está bien interpretada?				
¿Se nota conocimiento de las costumbres del país?				
¿Cae en los estereotipos?				
¿Se utiliza una lengua adecuada a la situación?				
¿Se entiende bien?				
...				

BITÁCORA 3

1

LA EVACUACIÓN. Contesta a estas preguntas según tus hipótesis. Luego ve el vídeo y comprueba.

1. Los niños eran sobre todo del norte. ¿De qué regiones?

....

2. ¿Cómo crees que viajaron? (en tren, en avión, en barco, etc.)

....

3. ¿Por qué crees que viajaron a esos países?

....

4. ¿Qué crees que les explicaban los padres a sus hijos?

....

5. ¿Crees que iban solos o con sus hermanos?

....

6. ¿Crees que sus padres viajaron con ellos?

....

7. ¿Cómo crees que se sentían los padres?

....

8. ¿Cómo crees que se sentían los niños?

....

2

LA LLEGADA. ¿Quién da la siguiente información, Berta o Enrique?

	Berta	Enrique
Les dieron ropa de invierno.	☐	☐
La gente iba a verlos y decían "Este quiero".	☐	☐
Los metieron en una colonia preciosa.	☐	☐
La acogida fue extraordinaria.	☐	☐
Lo primero que hicieron fue llevarlos al baño.	☐	☐

3

LA VIDA ALLÍ. ¿Qué dicen sobre estos temas?

ENRIQUE
- La comida (qué comían, si había mucha o poca, si era buena o mala, etc.): ....

....

- Las familias que los acogieron a él y a sus hermanos (a qué se dedicaban, qué tendencia política tenían): ....

....

BERTA
- Las casas de niños (dónde estaba la suya):..

....

- Los estudios (quiénes daban clases, en qué idioma, qué asignaturas menciona) :..........................

....

- La información que recibían sobre la guerra y la familia (quién se la daba y cómo): ....

....

 BITÁCORA 3 ©Emilia Conejo y Difusión Centro de Investigación y Publicaciones de Idiomas S.L. (2013)

Vamos a investigar sobre la Guerra Civil española.

¿Cuándo comenzó?	**¿Cuándo terminó?**	**¿Qué sucedió después?**
¿Por qué empezó?	**¿Quién venció?**	
		¿Cuáles son los personajes más importantes?
Otros datos de interés		

BITÁCORA 3

Contesta estas preguntas sobre el relato *La trama del tiempo*.

a. **¿Cómo se llama la protagonista?**

b. **¿Cuántos años tenía cuando se marchó?**

c. **¿A qué ciudad volvió?**

d. **¿Con qué objeto se emocionó?**

e. **¿Quién lo había tenido durante su ausencia?**

f. **¿Durante cuánto tiempo?**

....

BITÁCORA 3

Antes de la guerra

Durante la guerra

Después de la guerra

Muchos años después

Escucha las conversaciones y completa la tabla.

	¿Qué decisión o experiencia cambió su vida?	¿Por qué fue importante?	¿En qué consistió el cambio?
Nuria			
Pablo			
Raquel			
Sergio			

Contesta las siguientes preguntas utilizando el verbo **cambiar**. Luego comenta tus respuestas con tus compañeros.

1. ¿Has cambiado mucho desde que eras pequeño?..

2. ¿Vives en la casa donde naciste o te has cambiado alguna vez?...

3. ¿Tienes los mismos hábitos que hace 15 años? ¿Qué ha cambiado?..

4. ¿Has cambiado alguna vez de trabajo?...

5. ¿Te ha cambiado el carácter con la edad?..

BITÁCORA 3

Contesta las siguientes preguntas y luego comenta tus respuestas con tus compañeros.

1. ¿Qué decisión o experiencia cambió mi vida?...

2. ¿Cómo fue?...

3. ¿Por qué fue importante?...

4. ¿En qué consistió el cambio?..

5. ¿Cómo eran las cosas antes?...

6. ¿Qué pasó después?..

BITÁCORA 3

Escucha las conversaciones en las que algunas personas hablan sobre películas y completa la tabla con la información que dan.

Título de la película	¿Qué dicen sobre ella?	¿Les gustó?	¿Por qué?
1			
2			
3			

MI PELÍCULA PREFERIDA

Título original:

Título en español (si tiene):

País:

Año:

Director:

Actores:

Género:

Argumento:

Mi opinión:

Mi puntuación (de 0 a 10):

Completa el esquema.

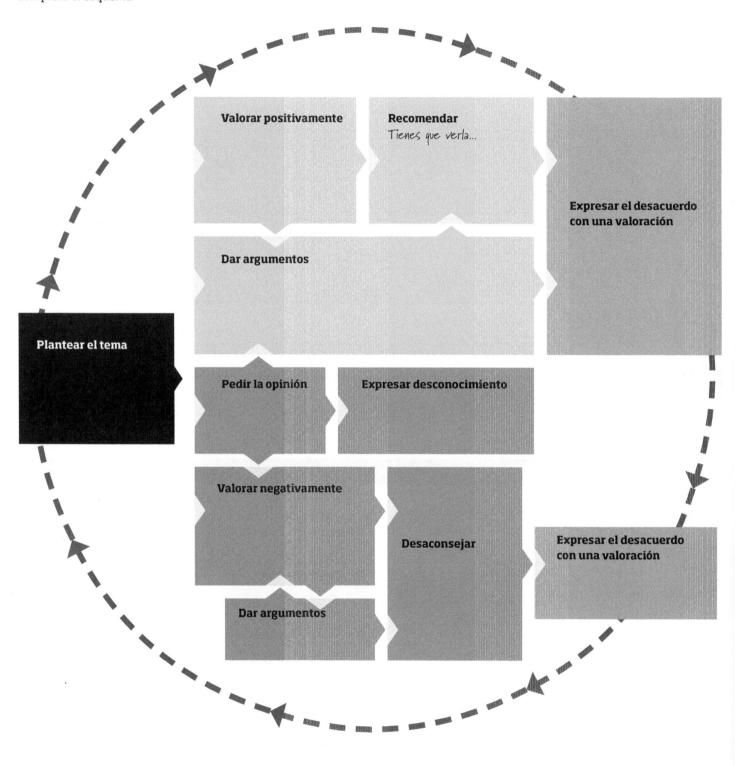

Plantear el tema

Valorar positivamente

Recomendar
Tienes que verla...

Expresar el desacuerdo con una valoración

Dar argumentos

Pedir la opinión

Expresar desconocimiento

Valorar negativamente

Desaconsejar

Expresar el desacuerdo con una valoración

Dar argumentos

Esta es la sinopsis de *El secreto de sus ojos*. Lee el texto y coloca las frases que faltan en el lugar adecuado.

1. está basado en una historia real

2. vuelve a investigar por su cuenta

3. es escribir una novela

4. después de trabajar toda su vida en un juzgado penal

5. Espósito revive una historia de amor imposible

6. Es la historia de

SINOPSIS

Benjamín Espósito acaba de jubilarse __4__ . Su sueño, que no pudo cumplir cuando era joven, ____ . El argumento ____ de la que él fue protagonista hace muchos años, en 1974. ____ un asesinato y de la búsqueda del culpable, en una época en la que la violencia y el crimen contaminaban la política y la ley.

Al hacer revivir la historia, ____ con la mujer a la que ha amado todos estos años. Pero además, descubre que no todo está resuelto y ____ qué sucedió con el culpable.

Escucha las conversaciones y contesta las preguntas.

1
a. ¿Qué dicen sobre los actores? ....
b. ¿Qué piensan sobre el guión? ....
c. ¿Cuál es su opinión general? ....

2
a. ¿Qué no le gusta a ella? ....
b. ¿En qué no están de acuerdo él y ella? ¿Por qué? ....
c. Si has visto la película, ¿con quién estás más de acuerdo? ....

Título de la película:			Puntuación
Comentario 1	Me encantó; los actores son buenísimos y el final es muy sorprendente. ¡Tenéis que verla!		8
Autor:	Klaus		
Comentario 2			
Autor:			
Comentario 3			
Autor:			
Comentario 4			
Autor:			
Comentario 5			
Autor:			
Comentario 6			
Autor:			

MI ROBOT

Nombre:	**Para qué se puede usar:**
....	....
Fabricado en:	**¿Se vende?**
....	....
Fabricado por:	**Precio:**
....	....
Características:	**Por qué me parece interesante:**
....	....
Qué sabe hacer:	....
....	....

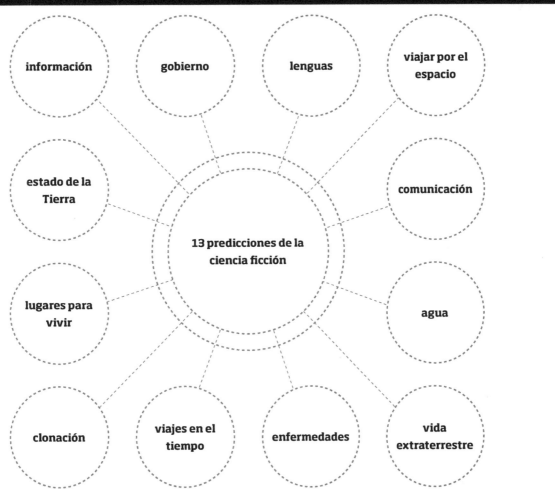

Plantear el debate

Expresar acuerdo rotundo y argumentar el acuerdo

Expresar acuerdo parcial o escepticismo y matizar

Expresar desacuerdo rotundo y argumentar el desacuerdo

Contesta las preguntas sobre la entrevista al ingeniero Toni Ferraté y escribe tu opinión sobre los temas de los que habla.

Lo que dice Toni Ferraté	Tu opinión
a. ¿Qué es Darwin?	1. ¿Qué te parece Darwin?
b. ¿Cómo será la inteligencia de los robots en el futuro?	2. ¿Qué piensas sobre esta predicción?
c. ¿Cuál es el objetivo de la robótica?	3. ¿Qué ventajas e inconvenientes tiene esto?
d. ¿Qué es la robótica personal?	4. ¿Puedes pensar en una aplicación interesante para ti?

¿Qué es la belleza para ti? Escribe un texto en tu cuaderno. Recuerda que los siguientes recursos te pueden ser útiles.

Unir frases o palabras

y, además, también, no solo… sino (que), y

Introducir una objeción

(pero) en realidad, sin embargo

Afirmar

es verdad/cierto/evidente que + indicativo, **está demostrado/claro que** + indicativo, **yo creo/pienso/opino que** + indicativo, **a mí me parece que** + indicativo.

Negar

no es verdad/cierto/evidente que + subjuntivo, **no está demostrado/claro que** + subjuntivo, **yo no creo/pienso/opino que** + subjuntivo, **a mí no me parece que** + subjuntivo.

Valorar

(no) es normal/necesario/bueno que + subjuntivo, **(no) me parece importante/lógico que** + subjuntivo, **(no) me parece bien/mal que** + subjuntivo. **Influir en otro: (no) quiero/te pido/te recomiendo que + subjuntivo.**

Influir en otro

(no) quiero/te pido/te recomiendo que + subjuntivo.

 BITÁCORA 3

Nombre	Opinión
Tom	Yo pienso que el mejor deporte es andar. No provoca lesiones, es bueno para todo el cuerpo y se puede hacer a cualquier edad.